¡Un poco m...
¿Repasamos?
ABC

とことんドリル！
スペイン語

文法項目別

高橋　覚二
伊藤ゆかり
古川　亜矢

朝日出版社

はじめに

　「ドリル」という言葉を聞いて何を連想しますか。小学生のころ、学校で習ったことを復習するために使った「漢字ドリル」？「計算ドリル」？　本書は、まさにそのイメージで作成しました。語学習得は毎日の積み重ねです。どこかに弱い部分があればガタガタと崩れてしまいます。スペイン語の基礎をより強固なものとするためには、学んだことをしっかり理解しているかどうかを確認しながら、一つずつステップアップすることが大切です。本書は、スペイン語の文法を学び始めた方々を対象に、学習者の目線に立った詳しい解答例・解説をつけた大人のための「ドリル」です。

　本書では文法項目を27章に分けて、約2000問載せてあります。最初から順に解いていくのもよし、項目を選んで解いていくのもOKです。各章は基礎3ページ、そしてレベルアップした ¡Un poco más! 1ページの全4ページで構成されています。まず最初の3ページで基礎を確認し、余力があれば ¡Un poco más! に挑戦してみてください。各問題の最初に例題が配されていますので、問題を解くときの手がかりになるはずです。また、達成度を確認するためにチェックボックスを設けました。何問正解したか書き込んでみてください。
　3、4章ごとに復習問題の ¿Repasamos? とスペイン語圏の多様な文化を紹介するコラムコーナーが設けてあります。吹き出しのヒントを見ながら、肩の力を抜いて実力試しをしてみてください。
　解答例・解説はできるだけ見やすく、そして丁寧な解説をつけるよう心がけました。解説のアイコンは、文法、語彙、作文の書き換え、文化の4種類に分けてあります。

　文部科学省後援「スペイン語技能検定」では、6級は直説法現在、5級は直説法、4級は文法全般（2013年9月現在）が問われます。本書と出題方法が同じというわけではありませんが、6級では第12章まで、5級では第21章まで、4級では全章の基礎3ページを中心に勉強するとよいでしょう。

　本書の作成にあたり、南山大学の泉水浩隆先生、同大学アルトゥーロ・エスカンドン先生、同大学マリア・フェルナンデス先生に細かく見ていただき、貴重な意見を伺うことができました。また、朝日出版社の山田敏之氏、山中亮子氏には著者の希望に忍耐強く応じていただき、本書を出版することができました。心よりお礼申し上げます。

2013年9月
著者一同

目 次

		問題	解答例・解説
第 1 章	文字と発音	6	130
第 2 章	名詞・冠詞・形容詞	10	132
第 3 章	主格人称代名詞と SER・ESTAR・HAY	14	135
第 4 章	直説法現在	18	137
¿Repasamos? 1 コラム ● Usted の短縮形 Vd.		22	139
第 5 章	疑問文・疑問詞	24	140
第 6 章	指示詞（指示形容詞・指示代名詞）	28	142
第 7 章	所有詞（所有形容詞・所有代名詞）	32	144
第 8 章	人称代名詞（直接目的格・間接目的格・前置詞格）	36	147
¿Repasamos? 2 コラム ● チョコレート		40	149
第 9 章	GUSTAR 型動詞	42	150
第 10 章	不定語・否定語	46	152
第 11 章	再帰動詞	50	154
第 12 章	比較	54	156
¿Repasamos? 3 コラム ● セビーリャの春祭り		58	159
第 13 章	現在分詞	60	160
第 14 章	過去分詞	64	163
第 15 章	不定詞、知覚・使役・放任の動詞	68	165
第 16 章	無人称文	72	167
¿Repasamos? 4 コラム ● マヤ文字		76	169
第 17 章	直説法点過去	78	170
第 18 章	直説法線過去	82	172
第 19 章	関係詞	86	174
¿Repasamos? 5 コラム ● ガリシア地方のシーフード		90	176
第 20 章	直説法未来	92	177
第 21 章	直説法過去未来	96	179
第 22 章	接続法現在（1）	100	181
第 23 章	接続法現在（2）	104	183
¿Repasamos? 6 コラム ● スペイン文化の形成		108	185
第 24 章	命令法	110	187
第 25 章	接続法過去	114	189
第 26 章	複合時制（完了時制）	118	192
第 27 章	数詞	122	194
¿Repasamos? 7 コラム ● フェデリコ・ガルシア・ロルカ		126	197

装丁・イラストーメディアアート

とことんドリル！スペイン語

文法項目別

第1章 文字と発音

→ 解答例・解説は P.130

1 次の発音をするアルファベットを選択肢から選んで書きましょう。

/12 [b, f, g, h, i, k, l, n, ñ, q, r, w, z]

例 efe (　f　)

1) be　　(　　　)　　2) eñe　　　(　　　)　　3) ge　　(　　　)
4) cu　　(　　　)　　5) hache　　(　　　)　　6) ere　　(　　　)
7) zeta　(　　　)　　8) uve doble (　　　)　　9) ele　　(　　　)
10) ene　(　　　)　　11) i　　　　(　　　)　　12) ka　　(　　　)

2 アルファベットの発音を選択肢から選んで書きましょう。

/12 [ce, de, e, efe, jota, eme, o, pe, ese, te, uve, ekis, u]

例 f (　efe　)

1) d　(　　　)　　2) t　(　　　)　　3) e　(　　　)
4) p　(　　　)　　5) o　(　　　)　　6) s　(　　　)
7) v　(　　　)　　8) x　(　　　)　　9) u　(　　　)
10) j　(　　　)　　11) c　(　　　)　　12) m　(　　　)

3 一文字ずつ発音のつづりを書きましょう。

/8 例 Ana　　　(a, ene, a)

1) Picasso　　(　　　　　　　　　　　　　　　　　　　)
2) Cervantes　(　　　　　　　　　　　　　　　　　　　)
3) Colón　　　(　　　　　　　　　　　　　　　　　　　)
4) Gaudí　　　(　　　　　　　　　　　　　　　　　　　)
5) Quito　　　(　　　　　　　　　　　　　　　　　　　)
6) Kioto　　　(　　　　　　　　　　　　　　　　　　　)
7) Barcelona　(　　　　　　　　　　　　　　　　　　　)
8) Washington (　　　　　　　　　　　　　　　　　　　)

4 アルファベットの発音を文字に直して、単語を完成させましょう。

例 ce, a, ese, a （　casa　）

1) ge, a, te, o　（　　　　）　2) a, ge, u, a　（　　　　）
3) pe, e, erre, o　（　　　　）　4) eme, a, de, ere, e （　　　　）
5) ele, i, be, ere, o （　　　　）　6) jota, a, erre, a　（　　　　）
7) uve, i, ene, o　（　　　　）　8) pe, e, zeta　（　　　　）
9) be, a, ere　（　　　　）　10) hache, i, jota, o　（　　　　）

5 母音を補って、スペイン語を公用語としている国の名前を完成させましょう。

例 P_e_rú

1) P___r___g___ ___y　2) ___c___ ___d___r
3) ___s p___ñ___　4) G___ ___t___m___l___
5) ___r___g___ ___y　6) ___l S___lv___d___r
7) H___nd___r___s　8) ___rg___nt___n___
9) P___n___m___　10) V___n___z___ ___l___
11) C___b___　12) B___l___v___ ___
13) Ch___l___　14) N___c___r___g___ ___
15) M___x___c___　16) C___l___mb___ ___
17) C___st___ R___c___　18) R___p___bl___c___ D___m___n___c___n___

6 二重母音または三重母音になる母音の組み合わせには○、そうでないものには×を書きましょう。

例 ui （ ○ ）　　ao （ × ）

1) ai （　）　2) io （　）　3) iai （　）
4) oi （　）　5) eai （　）　6) au （　）
7) iei （　）　8) ae （　）　9) iu （　）
10) ie （　）　11) uai （　）　12) ei （　）
13) uey （　）　14) ua （　）　15) oe （　）

第1章 文字と発音

7

7 二重母音または三重母音があればその箇所に下線を引きましょう。

　例 p<u>ia</u>no

1) poeta　　　　2) ruido　　　　3) ley
4) país　　　　　5) idea　　　　　6) aeropuerto
7) teatro　　　　8) pie　　　　　9) Paraguay
10) caos　　　　11) cigüeña　　　12) paella
13) cuerno　　　14) buey　　　　15) mediodía

8 二重子音があればその箇所に下線を引きましょう。

　例 <u>bl</u>usa

1) prueba　　　　2) crema　　　　3) chico
4) estudiante　　5) Israel　　　　6) gripe
7) breve　　　　8) satisfecho　　9) calle
10) globo　　　　11) azafrán　　　12) restaurante
13) hormiga　　　14) drama　　　　15) construcción

9 音節に分けましょう。

　例 ma|ña|na

1) poema　　　　2) león　　　　　3) pan
4) chocolate　　5) queso　　　　6) maestro
7) pasillo　　　8) zanahoria　　9) ladrón
10) lluvia　　　11) dios　　　　12) facultad
13) buey　　　　14) horizonte　　15) boina

10 アクセント符号をつけましょう。

　例 ángel

1) estacion　　　2) Maria　　　　3) Cadiz
4) arbol　　　　5) sabado　　　　6) pagina
7) Canada　　　　8) pimenton　　　9) sandia
10) maiz　　　　11) victima　　　12) boligrafo
13) volcan　　　14) jardin　　　15) sofa

¡Un poco más!

1 下線部と異なる発音をするものを一つ選びましょう。

例 ni_ñ_o ： pi_ñ_a　　le_ñ_a　　ma_n_o ⭕　　peque_ñ_o

1) _c_asa ： _c_ero　　_c_una　　_c_osa　　bi_c_icleta
2) ciuda_d_ ： se_d_　　_d_edo　　Madri_d_　　universida_d_
3) _ll_ave ： _l_ana　　ca_ll_e　　_ll_ueve　　Sevi_ll_a
4) _g_irasol ： E_g_ipto　　má_g_ico　　_j_irafa　　_g_allo

2 下線部と同じ発音をするものを一つ選びましょう。

例 mu_y_ ： _y_o　　_y_ema　　_y_a　　bue_y_ ⭕

1) que_s_o ： _c_epillo　　co_c_ina　　_c_inturón　　whi_s_ky
2) _x_ilófono ： Mé_x_ico　　o_x_ígeno　　ta_x_i　　_X_ochimilco
3) mo_r_eno ： _r_ojo　　to_rr_e　　pe_r_a　　hon_r_a
4) _j_amón ： _g_ente　　_g_ato　　_g_orro　　_g_uitarra

3 音節に分けてアクセントのある音節に下線を引きましょう。

例 pa | _ta_ | ta

1) m u y
2) h o r r o r o s o
3) c i r c u n s t a n c i a
4) l i n g ü í s t i c a
5) a s c e n s o r
6) d e s c u b r i m i e n t o
7) c o n s c i e n t e
8) m u r m u l l o
9) s u b m a r i n o
10) e s t r u c t u r a
11) e x c u r s i ó n
12) c a l e f a c c i ó n
13) a l m o h a d a
14) c o n c l u y e n t e
15) f e r r o c a r r i l
16) r e c o n q u i s t a
17) h a b l a n t e
18) v e r g ü e n z a
19) a l c o h o l
20) t o r t i l l a
21) n o m b r a m i e n t o

名詞・冠詞・形容詞

→ 解答例・解説は P.132

1 名詞の性を書きましょう。

/14

例 vaso　　（　男性名詞　）　コップ

1) casa　　（　　　　）　　2) cuaderno　（　　　　）
3) tío　　　（　　　　）　　4) profesora　（　　　　）
5) sol　　　（　　　　）　　6) canción　　（　　　　）
7) mano　　（　　　　）　　8) clima　　　（　　　　）
9) idioma　（　　　　）　　10) ocasión　　（　　　　）
11) moto　　（　　　　）　　12) ciudad　　（　　　　）
13) mediodía（　　　　）　　14) artista　　（　　　　）

2 反対の性になる名詞を書きましょう。

/14

例 amigo　男友達 → （　amiga　）女友達

1) hermana　（　　　　）　　2) gato　　（　　　　）
3) abogada　（　　　　）　　4) abuela　（　　　　）
5) perra　　（　　　　）　　6) esposo　（　　　　）
7) turista　（　　　　）　　8) señora　（　　　　）
9) joven　　（　　　　）　　10) doctor　（　　　　）
11) príncipe（　　　　）　　12) hombre　（　　　　）
13) padre　　（　　　　）　　14) portuguesa（　　　　）

3 名詞が単数なら複数に、複数なら単数にしましょう。

/16

例 novela（ novelas ）小説　　libros（ libro ）本

1) toalla　　（　　　　）　　2) camisas　　（　　　　）
3) lápices　 （　　　　）　　4) zapatilla　（　　　　）
5) domingo　（　　　　）　　6) postales　 （　　　　）
7) noche　　（　　　　）　　8) paraguas　 （　　　　）
9) animal　　（　　　　）　　10) huésped　 （　　　　）
11) ingleses （　　　　）　　12) estaciones（　　　　）
13) carácter（　　　　）　　14) examen　　（　　　　）
15) jueves　（　　　　）　　16) crisis　　（　　　　）

10

4 名詞に不定冠詞をつけましょう。

例 (unos) bolsos　ハンドバッグ

1) (　　　) nieto
2) (　　　) camarera
3) (　　　) sandalias
4) (　　　) autobús
5) (　　　) zumo
6) (　　　) gafas
7) (　　　) habitaciones
8) (　　　) día
9) (　　　) dama
10) (　　　) hospitales
11) (　　　) estudiantes
12) (　　　) problemas
13) (　　　) reloj
14) (　　　) ave

5 名詞に定冠詞をつけましょう。

例 (las) ventanas　窓

1) (　　　) padres
2) (　　　) opiniones
3) (　　　) cartera
4) (　　　) ingeniero
5) (　　　) clases
6) (　　　) gorro
7) (　　　) aldea
8) (　　　) árboles
9) (　　　) japoneses
10) (　　　) televisión
11) (　　　) gente
12) (　　　) hacha
13) (　　　) clima
14) (　　　) tren

6 形容詞を適切な形にしましょう。

例 botas　(　barato → baratas　) 値段の安いブーツ

1) música　(latino　　　　　　　) ラテン音楽
2) novelas　(difícil　　　　　　　) 難しい小説
3) mano　(derecho　　　　　　　) 右手
4) partido　(socialista　　　　　　) 社会党
5) camiseta　(verde　　　　　　　) 緑色のTシャツ
6) chicos　(feliz　　　　　　　) 幸せな少年たち
7) (último　　　　　　　) noticia 最新ニュース
8) pantalones　(corto　　　　　　　) ショートパンツ
9) uniforme　(azul　　　　　　　) 青い制服
10) (único　　　　　　　) esperanza 唯一の期待

7 単数なら複数に、複数なら単数にしましょう。

> 例 una muñeca bonita　かわいい人形　→　(unas muñecas bonitas)
> 　　los gatos blancos　白い猫　→　(el gato blanco)

1) el programa divertido　おもしろい番組
   (　　　　　　　　　　　　　　　　　　　　)
2) una chica morena　黒髪の少女
   (　　　　　　　　　　　　　　　　　　　　)
3) unos buenos profesores　良い教師たち
   (　　　　　　　　　　　　　　　　　　　　)
4) los coches alemanes　ドイツ車
   (　　　　　　　　　　　　　　　　　　　　)

8 形容詞を適切な形にしましょう。

> 例 La mesa y la silla están (roto → rotas).　テーブルと椅子は壊れている。

1) Vivimos en el (tercero　　　　　　　　) piso.
   私たちは３階に住んでいる。
2) La chica saca (bueno　　　　　　　　) notas en los exámenes.
   少女は試験でいい成績を取る。
3) En el parque hay flores (hermoso　　　　　　　　).
   公園に美しい花々がある。
4) Esta pregunta parece (complicado　　　　　　　　).
   この質問は複雑そうだ。
5) Mi madre y mi hermana llegan a casa muy (cansado　　　　　　　　).
   母と姉は大変疲れた様子で帰宅する。

9 下線部の形容詞の位置に気をつけて、日本語に訳しましょう。

> 例 la casa nueva　(新築の家)　　la nueva casa　(今度の家)

1) a. un hombre grande　(　　　　　　　　　　　　)
   b. un gran hombre　(　　　　　　　　　　　　)
2) a. una mujer pobre　(　　　　　　　　　　　　)
   b. una pobre mujer　(　　　　　　　　　　　　)
3) a. el amigo viejo　(　　　　　　　　　　　　)
   b. el viejo amigo　(　　　　　　　　　　　　)
4) a. un funcionario alto　(　　　　　　　　　　　　)
   b. un alto funcionario　(　　　　　　　　　　　　)

¡Un poco más!

1 男性と女性の2つの性を持つ名詞の意味を書きましょう。

例 cura （男）（　司祭　）　　　　cura （女）（　治療　）

1) capital （男）（　　　　　）　　2) policía （男）（　　　　　）
   capital （女）（　　　　　）　　　 policía （女）（　　　　　）
3) orden （男）（　　　　　）　　4) frente （男）（　　　　　）
   orden （女）（　　　　　）　　　 frente （女）（　　　　　）

2 （ ）内に定冠詞か、不定冠詞を入れましょう。冠詞が不要なら×印を入れましょう。

例 Ya hace (×) fresco por (la) noche.　もう夜は涼しい。

1) (　　　) lunes 2 de este mes, (　　　) presidente de EE.UU. viene a Japón.
2) Mi hermano se casa por primera vez a (　　　) cincuenta años.
3) Hoy estamos a (　　　) dieciséis de abril.
4) Allí hay (　　　) bolígrafos. ¿Sabes de quién son?
5) (　　　) gatos son (　　　) animales.
6) ¿Asistís mañana a (　　　) clase de (　　　) español?
7) (　　　) España del siglo XVI llega a ser (　　　) gran imperio.
8) ¡Buenos días, (　　　) señor Pérez! ¿Cómo está usted?

3 語句を並べかえて文章を作りましょう。

例 彼らはカルロスを夕食に招待していない。[a la cena, invitan, a, ellos, Carlos, no]
　　Ellos no invitan a Carlos a la cena.

1) ロペス夫妻はブエノスアイレスに旅行する。
   [viajan por, López, Buenos Aires, los señores]

2) 村には約千人しか住んでいない。
   [unos, el pueblo, viven, mil habitantes, en, sólo]

3) 銀行は午後3時まで開いている。
   [las tres, están abiertos, de la tarde, hasta, los bancos]

4) 患者は肺がんを患っている。
   [tiene, pulmón, cáncer, el paciente, de]

 主格人称代名詞と SER・ESTAR・HAY

→ 解答例・解説はP.135

1 主格人称代名詞の表を完成させましょう。

	単数	複数
1人称	1) (　　　　)	nosotros / nosotras
2人称	2) (　　　　)	4) (　　　　)
3人称	él 3) (　　　　) usted	5) (　　　　) ellas 6) (　　　　)

2 次の組み合わせを代名詞一語で書きましょう。

例　él + ella　　　　（　　　ellos　　　）

1) ella + yo (男性)　　（　　　　　　　）
2) usted (女性) + ellas　（　　　　　　　）
3) tú (女性) + yo (女性)　（　　　　　　　）
4) ellos + ellas　　　（　　　　　　　）
5) vosotras + ellos　　（　　　　　　　）

3 主格人称代名詞を入れましょう。

例　(　　Yo　　) soy Javier.　　私はハビエルです。

1) (　　　　　　) es Juan.　　彼はフアンです。
2) ¿(　　　　　　) sois colombianos?　君たちはコロンビア人ですか。
3) María es enfermera. Ahora (　　　　　　) está en un hospital de Sevilla.
　　マリアは看護師です。彼女は今セビリアの病院にいます。
4) Usted y Jaime son del mismo pueblo. (　　　　　　) son muy amigos.
　　あなたとハイメは同じ村の出身です。あなた方はとても仲がよい。
5) Pedro y José son de México. (　　　　　　) son alegres.
　　ペドロとホセはメキシコ出身です。彼らは陽気だ。
6) (　　　　　　) estoy contento con el resultado.
　　私はその結果に満足している。
7) (　　　　　　) eres muy trabajadora.　君はとても働き者だ。
8) Marta, Laura y yo somos compañeras. (　　　　　　) somos secretarias.
　　マルタとラウラと私は同僚です。私たちは秘書です。

14

4 ser を直説法現在に活用させましょう。

例 Nosotros (**somos**) amigos. 　　私たちは友人だ。

1) ¿(　　　　　) vosotros veterinarios?　君たちは獣医ですか。
2) Tú (　　　　　) simpática.　　　　　君は感じのよい人だ。
3) Los libros no (　　　　　) de José.　それらの本はホセのものではない。
4) La boda (　　　　　) mañana.　　　結婚式は明日です。
5) Hoy (　　　　　) martes.　　　　　今日は火曜日です。

5 estar を直説法現在に活用させましょう。

例 Yo (**estoy**) ocupado.　私はいそがしい。

1) Los niños (　　　　　) en el colegio.
   子どもたちは学校にいる。
2) La habitación siempre (　　　　　) desordenada.
   その部屋はいつもちらかっている。
3) El café todavía (　　　　　) caliente.
   そのコーヒーはまだ温かい。
4) ¿Dónde (　　　　　) vosotros? – (　　　　　) en el comedor.
   君たちはどこにいますか。－食堂にいます。
5) Ustedes (　　　　　) muy orgullosos de su hijo.
   あなた方は息子さんのことをとても自慢に思っている。

6 (　) 内には hay を、＜　＞内には不定冠詞または数詞を入れましょう。

例 (**Hay**) ＜ **un** ＞ libro sobre la mesa.　机の上に本が一冊ある。

1) (　　　　　) ＜　　　　　＞ alumnos en el aula.
   教室に30人の学生がいる。
2) Por aquí (　　　　　) ＜　　　　　＞ restaurantes buenos.
   この辺りにいくつかおいしいレストランがある。
3) ¿Mañana (　　　　　) ＜　　　　　＞ concierto?
   明日コンサートがありますか。
4) (　　　　　) ＜　　　　　＞ niños en el patio.
   中庭に子どもが2人いる。
5) (　　　　　) ＜　　　　　＞ Biblia en el cajón.
   引き出しに聖書が1冊ある。

第3章　主格人称代名詞と SER・ESTAR・HAY

15

7 ser、または estar を直説法現在に活用させたものを入れましょう。

|5|

例 El señor (es) camarero. その男性はウェイターです。

1) Pablo y yo (　　　　　) hermanos.　　　　　　パブロと私は兄弟です。
2) Toledo (　　　　　　) al sur de Madrid.　　　トレドはマドリードの南にある。
3) El autobús (　　　　　　) lleno de gente.　　そのバスは満員だ。
4) Los compañeros (　　　　　　) de vacaciones. 同僚たちは休暇中です。
5) Ahora (　　　　　　) las once de la mañana.   今、午前11時です。

8 estar を直説法現在に活用させたもの、または hay を入れましょう。

|5|

例 Ellos (están) en el parque. 彼らは公園にいる。

1) (　　　　　　) un coche en el garaje.　　車庫に車が1台ある。
2) Nosotros (　　　　　) cerca de la estación.
   私たちは駅の近くにいる。
3) Detrás de Correos (　　　　　) un bar.
   郵便局の後ろにバルが1軒ある。
4) En los grandes almacenes (　　　　　) muchos artículos.
   デパートにはたくさんの商品がある。
5) La catedral (　　　　　) en el casco antiguo.
   大聖堂は旧市街にある。

9 語句を並べかえて文章を作りましょう。イタリック体の動詞は活用させること。

|5|

例 私たちはとても疲れている。　[muy, *estar*, cansados]
　　Estamos muy cansados.

1) 庭に老木が1本ある。[árbol, *haber*, en, un, el, jardín, viejo]

   _____

2) 私たちは5人兄弟です。[hermanos, cinco, *ser*]

   _____

3) 研究室はつきあたりにある。[el, fondo, *estar*, despacho, al]

   _____

4) それらのオレンジはバレンシア産です。[de, naranjas, las, Valencia, *ser*]

   _____

5) それらのコップは空です。[*estar*, vasos, vacíos, los]

   _____

16

¡Un poco más!

1 意味の違いが分かるように、aとbを日本語に訳しましょう。

例 a. Miguel es serio.　　　　　　b. Miguel está serio.
　　ミゲルはまじめな人だ。　　　　ミゲルは深刻な様子だ。

1) a. La sopa es fría.　　　　　　b. La sopa está fría.

2) a. Carmen es alegre.　　　　　b. Carmen está alegre.

3) a. Los alumnos son listos.　　　b. Los alumnos están listos.

4) a. La profesora es guapa.　　　b. La profesora está guapa.

5) a. El señor es nervioso.　　　　b. El señor está nervioso.

2 ser, estarを直説法現在に活用させたもの、またはhayを入れましょう。

例 El chico (es) capaz de todo.　彼はどんなことでもする。

1) Ella (　　　) enojada con Juan.

2) Yo (　　　) aficionado al fútbol.

3) El agua del mar no (　　　) potable.

4) Cerca de la universidad (　　　) un museo arqueológico.

5) El abrigo y el sombrero del muchacho (　　　) negros.

6) La sidra (　　　) de manzana.

7) Ahora (　　　) en la época de lluvias.

8) Esta noche (　　　) unos programas interesantes.

3 スペイン語に訳しましょう。

1) 彼はグラナダの出身で、ウェイターです。

2) その会合（la reunión）は5階（la quinta planta）であります。

3) バルコニー (el balcón) に5つの植木鉢 (tiesto) がある。

4) 今、乗客 (los pasajeros) たちは待合室 (la sala de espera) にいる。

第4章 直説法現在

→ 解答例・解説はP.137

1 動詞を直説法現在に活用させましょう。

例 hablar (yo　　hablo　　) 話す

1) fumar　(ellas　　　　　)　2) deber　(usted　　　　　)
3) cambiar (yo　　　　　　)　4) abrir　(nosotros　　　)
5) insistir (él　　　　　　)　6) limpiar (tú　　　　　　)
7) leer　　(ella　　　　　)　8) cubrir　(ustedes　　　)
9) vender　(vosotros　　　)　10) coger　(yo　　　　　　)
11) tocar　(él　　　　　　)　12) recibir (ellas　　　　)

2 動詞を不定詞にしましょう。

例 comemos　(　　comer　　) 食べる

1) entran　　(　　　　　　)　2) corréis　(　　　　　　)
3) existen　 (　　　　　　)　4) necesitas (　　　　　　)
5) prometemos (　　　　　　)　6) decidís　(　　　　　　)
7) permito　(　　　　　　)　8) cree　　　(　　　　　　)
9) regalan　(　　　　　　)　10) rompéis (　　　　　　)
11) pagáis　(　　　　　　)　12) dirijo　(　　　　　　)

3 動詞を直説法現在に活用させましょう。

例 Yo (vivir → vivo) en Madrid. 私はマドリードに住んでいる。

1) ¿Cuándo (partir　　　　　) ustedes para Barcelona?
   あなた方はいつバルセロナへ出発しますか。
2) ¿Vosotros (asistir　　　　　) a la clase de español?
   君たちはスペイン語の授業に出席しますか。
3) Yo (llevar　　　　　) mucho equipaje.
   私はたくさんの荷物を持っていく。
4) Teresa (coser　　　　　) un botón de la camisa.
   テレサはシャツにボタンをつける。
5) ¿Tú (viajar　　　　　) sola?
   君はひとりで旅をしますか。

4 動詞を直説法現在に活用させましょう。

例 pensar (yo　　　pienso　　　) 考える

1) cerrar　(vosotros　　　　)　　2) resolver　(ella　　　　)
3) servir　(usted　　　　)　　4) perder　(ustedes　　　　)
5) jugar　(él　　　　)　　6) recordar　(tú　　　　)
7) sentir　(él　　　　)　　8) entender　(ellas　　　　)
9) morir　(tú　　　　)　　10) pedir　(usted　　　　)
11) enviar　(yo　　　　)　　12) oír　(ellos　　　　)

5 動詞を不定詞にしましょう。

例 cuentan　(　　　contar　　　) 語る

1) comienzan (　　　　)　　2) elijo (　　　　)
3) vuelven (　　　　)　　4) encuentro (　　　　)
5) mide (　　　　)　　6) solemos (　　　　)
7) envuelves (　　　　)　　8) caliento (　　　　)
9) viste (　　　　)　　10) doy (　　　　)
11) quepo (　　　　)　　12) vengo (　　　　)

6 動詞を直説法現在に活用させましょう。

例 José (encender → enciende) la luz.　ホセは明かりをつける。

1) ¿(Querer　　　　　　) usted bailar conmigo?
   私と一緒に踊りませんか。
2) ¿Cuánto (costar　　　　　　) un kilo de tomates?
   トマト1キロはいくらですか。
3) ¿Cuántas horas (dormir　　　　　　) los niños?
   子供たちは何時間寝ますか。
4) Yo (preferir　　　　　　) el té verde al café.
   私はコーヒーよりも緑茶がいい。
5) ¿Nosotros (poder　　　　　　) aparcar aquí?
   私たちはここに駐車してもいいですか。
6) ¿Vosotros (servir　　　　　　) un aperitivo a los invitados?
   君たちは招待客に食前酒を出しますか。
7) ¿A qué hora (empezar　　　　　　) la clase?
   授業は何時に始まりますか。

第4章　直説法現在

7 動詞を直説法現在に活用させましょう。

例 Yo (dar → doy) un paseo por la mañana.　私は朝散歩をする。

1) Ellos (ir　　　　　　) de excursión mañana.
   明日彼らはピクニックに行く。
2) Siempre yo (poner　　　　　　　) las llaves sobre el televisor.
   いつも私はテレビの上に鍵を置く。
3) En este coche no (caber　　　　　　　) más de seis personas.
   この車には6人以上は乗れない。
4) ¡Qué raro! Esta noche no (venir　　　　　　　) Manuel.
   おかしいな！今夜マヌエルは来ないよ。
5) ¿Yo te (traer　　　　　) el periódico?
   君に新聞を持ってきてあげましょうか。
6) Vosotros (salir　　　　　　) de casa a las ocho.
   君たちは8時に家を出る。
7) ¿Tú (tener　　　　　) tiempo esta noche?
   君は今晩時間がありますか。

8 語句を並べかえて文章を作りましょう。イタリック体の動詞は直説法現在に活用させること。

例 カルロスはいつも約束を果たす。[siempre, *cumplir*, Carlos, su palabra]
   Carlos siempre cumple su palabra.

1) 姉妹はいつも両親の手伝いをする。
   [sus padres, siempre, las hermanas, a, *ayudar*]

2) 私たちは平和を維持しなければならない。
   [la paz, *tener* que, nosotros, mantener]

3) 列車が駅に到着しようとしている。
   [llegar, *ir* a, el tren, la estación, a]

4) 私は学生たちにこの映画を勧める。
   [a, esta película, *recomendar*, los alumnos, yo]

5) その男の子はテレビを見るより本を読む方が好きだ。
   [la televisión, leer, el niño, *preferir*, ver, a, libros]

20

¡Un poco más!

1 動詞を直説法現在に活用させましょう。

例 Yo (confiar → confío) en mis amigos.　私は友人たちを信用している。

1) Andrea, ¿por qué tú no (encender　　　　　) la luz?
2) Nosotros (sentir　　　　　) no poder ir a la fiesta.
3) Me (costar　　　　　) mucho trabajo convencer a mi jefe.
4) Francisco Javier (llegar　　　　　) a Kagoshima en 1549.
5) Las críticas de la prensa le (hacer　　　　　) daño.
6) La Tierra (girar　　　　　) alrededor del Sol.
7) Los niños (soler　　　　　) jugar aquí al fútbol los domingos.
8) ¿Cuándo (comenzar　　　　　) a poner esta película en el cine?

2 日本語に訳しましょう。

1) No tenéis que presentar este informe para el lunes próximo.

2) No veo a mis vecinos desde hace una semana.

3) Mis padres no me permiten salir por la noche.

4) Dicen que las desgracias nunca vienen solas.

5) Ahora vuelvo, Juanito. Me esperas aquí, ¿de acuerdo?

3 スペイン語に訳しましょう。

1) 彼らは毎週土曜日（ todos los sábados ）に買い物に出かける（ ir de compras ）。

2) 私の父は帰宅したばかりだ（ acabar de + 不定詞 ）。

3) 作者自身（ el propio escritor ）が作品を英語に翻訳する。

4) 祖母は孫の絵（ cuadro ）を壁にかける（ colgar ）。

5) 私の友人たちはヨーロッパを旅行しようと思っている（ pensar + 不定詞 ）。

¿Repasamos? 1

→ 解答例・解説は P.139

1. パーティーでの会話です。ser, estar の直説法現在、または hay を入れましょう。

A: Mira. (　　　　　) mucha gente en la sala.
B: Pero parece que tu amiga (　　　　　) aburrida.
A: ¡Claro! Porque (　　　　　) con Manolo, que (　　　　　) el más soso de todos.

最上級「最も素っ気ない」

「ところで」

B: Comprendo. A propósito, hoy tú (　　　　　) muy guapa.
A: Sabes que conmigo no (　　　　　) necesarios los cumplidos.
B: Vale. (　　　　　) bien.

決まり文句で「分かりました、了解しました」

「おせじ」

「ぼんやりしている」

2. 日本語に訳しましょう。

1) Eduardo es un buen estudiante, pero estos días está un poco distraído.

2) Costa Rica está entre dos pequeños países centroamericanos.

perro の縮小辞「子犬」

3) Ana tiene dos perritos. El blanco tiene mal aspecto porque está enfermo.

4) Cuando tiene visitas, mi madre pone el mantel nuevo.

3. スペイン語に訳しましょう。

saber

1) 私はすでにコンクールの結果を知っている。

porque

2) マルコスは賢いのですぐに問題を解決する。

estropeado

3) 故障している私の車は今、修理工場にある。

taller

estadio

4) このスタジアムで間もなくサッカーの試合が始まる。

22

Usted の短縮形 Vd.

　ustedの短縮形 には Ud. と Vd. の二種類があります。なぜ Vd. の方には V の文字が入っているのでしょうか。

　その昔スペインでは、高貴な相手に対して vuestra merced という呼称を使っていました。直訳すれば「あなたのお慈悲」です。人称代名詞を使ってストレートに「あなた」と呼ぶのを避けて、遠回しな表現をすることで敬意を表しました。英語の敬称 Your Grace「あなたの恩恵」や Your Excellency「あなたの美徳」が、身分の高い相手に対する呼称として使われているのと同じ考え方です。17世紀初めの名作『ドン・キホーテ』でも、従者サンチョ・パンサが主人のドン・キホーテを vuestra merced と呼んでいます。

　vuestra merced は vuesarced ＞ vuested ＞ vusted ＞ usted と変化し、17世紀中に usted の形が一般化して、日常使いされるようになりました。Vd. の V は vuestra の名残りというわけです。

マドリード、スペイン広場
ドン・キホーテとサンチョ・パンサの像

第5章 疑問文・疑問詞

→ 解答例・解説は P.140

1 肯定の答えを作りましょう。

> 例 ¿Eres chino?　　　君は中国人ですか。
> － Sí, soy chino.　　はい、私は中国人です。

1) ¿Son Uds. abogados?　　　　　　　　あなた方は弁護士ですか。

2) ¿Todavía el banco está abierto?　　　銀行はまだ開いていますか。

3) ¿Quieres un café?　　　　　　　　　　君はコーヒーが欲しいですか。

4) ¿Su abuelo hace ejercicio todos los días?　あなたのおじいさんは毎日運動をしますか。

5) ¿Vais a pasar las vacaciones en París?　君たちはパリで休暇を過ごすつもりですか。

2 否定の答えを作りましょう。

> 例 ¿Eres chino?　　　　　　　　　　君は中国人ですか。　＜japonés　日本人＞
> － No, no soy chino. Soy japonés.　いいえ、中国人ではありません。日本人です。

1) ¿Es Ud. médico?　あなたは医者ですか。　＜enfermero　看護師＞

2) ¿Estás resfriada?　君は風邪をひいていますか。　＜cansada　疲れている＞

3) ¿La reunión empieza a la una?　会議は1時に始まりますか。　＜las dos　2時＞

4) ¿Hacéis los deberes en casa?　君たちは家で宿題をしますか。　＜biblioteca　図書館＞

5) ¿Le dejas el CD?　君は彼にその CD を貸しますか。　＜el libro　本＞

3 疑問詞を選択肢から選びましょう。

[cómo, cuál, cuándo, cuántos, dónde, por qué, qué, quién]

例 ¿(Qué) compras?　君は何を買いますか？

1) ¿(　　　　　) volvéis?
   君たちはいつ戻りますか。

2) ¿(　　　　　) están los libros?
   本はどこにありますか。

3) ¿A (　　　　　) hora empieza la entrevista?
   面接は何時に始まりますか。

4) ¿(　　　　　) es la capital de Venezuela?
   ベネズエラの首都はどれですか。

5) ¿(　　　　　) está Ud.?
   調子はどうですか。

6) ¿(　　　　　) años tiene tu hermana?
   君のお姉さんは何歳ですか。

7) ¿Con (　　　　　) vienes?
   君は誰と来ますか。

8) ¿(　　　　　) aprende usted español?
   あなたはなぜスペイン語を学んでいるのですか。

4 下線部を尋ねる疑問文を作りましょう。

例 Juan tiene dieciocho años.　　– ¿Cuántos años tiene Juan?
　　フアンは18歳です。　　　　　　フアンは何歳ですか。

1) El profesor enseña matemáticas.
   その先生は数学を教える。

2) El amigo de Miguel es simpático.
   ミゲルの友人は感じがよい。

3) Ellas son Ana y Carmen.
   彼女たちはアナとカルメンです。

4) Hoy cenamos en un restaurante.
   今日私たちはレストランで夕食を食べる。

5) Ellos visitan a sus padres los domingos.
   彼らは日曜日に両親を訪ねる。

第5章　疑問文・疑問詞

25

5 適切な疑問詞を入れましょう。

例 ¿(Qué) haces esta tarde?   –Voy de compras.
君は今日の午後何をしますか。　　　ショッピングに行きます。

1) ¿(　　　　) es esto?
   – Es un abrelatas.　　　　　　　　缶切りです。
2) ¿(　　　　) es?
   – Son veinte euros.　　　　　　　20ユーロです。
3) ¿De (　　　　) color es el coche de Juan?
   – Es azul.　　　　　　　　　　　青です。
4) ¿(　　　　) trabajan?
   – Trabajan en una planta de Honda.　彼らはホンダの工場で働いています。
5) ¿(　　　　) baila contigo?
   – Mercedes baila conmigo.　　　　メルセデスが私と踊ります。
6) ¿Por (　　　　) comes sola?
   – Porque vivo sola.　　　　　　　なぜなら一人暮らしだからです。
7) ¿(　　　　) es la chica?
   – Es alta y morena.　　　　　　　彼女は背が高くて黒髪です。
8) ¿(　　　　) es el cumpleaños de Luis?
   – Es el próximo domingo.　　　　次の日曜日です。
9) ¿De (　　　　) sacas los detalles del caso?
   – Los saco del periódico.　　　　新聞から得ます。
10) ¿(　　　　) niños quieren ir a la piscina?
    – Ocho niños quieren ir.　　　　8人の子どもが行きたがっています。

6 語句を並べかえて文章を作りましょう。

例 君はどこから来ますか。 [vienes, dónde, de]　¿De dónde vienes?

1) 3人のうち誰が賞を取るだろうか。　[cuál, va a, el premio, de, ganar, los tres]

2) そのエンジニアは何語を話しますか。　[habla, el ingeniero, idioma, qué]

3) 彼が誰に手紙を書くのか私は知らない。　[a, escribe, quién, no sé]

4) 教室には何人の学生がいますか。　[alumnos, hay, el aula, cúantos, en]

26

¡Un poco más!

1 語句を並べ替えて付加疑問文を作りましょう。

例 とても寒いですよね。[hace, ¿no?, frío, mucho]   Hace mucho frío, ¿no?

1) 君は僕たちと映画に行きたくないんだよね。
   [con nosotros, ¿verdad?, no, al cine, quieres, ir]

2) 彼女たちは本当のことを言っているんですよね。
   [la verdad, ¿no es cierto?, dicen]

3) 君はもう私のことを好きじゃないんだよね。
   [ya, me, no, ¿no es así?, quieres]

2 日本語に訳しましょう。

1) ¿Cúal es vuestra opinión sobre la política agrícola en Japón?

2) ¿Por qué no vamos juntos? - Sí, cómo no.

3) No sabemos cuándo pierde fuerza el tifón.

4) No hay cómo solucionar un problema tan grave como este.

5) ¿Para qué sirve este aparato? - Sirve para hacer experimentos químicos.

3 スペイン語に訳しましょう。

1) なぜ君はそんなにそわそわして（nervioso）いるのですか。

2) あなたはこちらでどなたをお待ちですか。

3) この靴（zapatos）はおいくらですか。―85ユーロです。

4) 彼らはどうやってここまで来るのですか。―バイク（en moto）で来ると思います。

5) 彼らはその3000ペソを何に使いますか。

第6章 指示詞（指示形容詞・指示代名詞）

→ 解答例・解説は P.142

1 指示形容詞を入れましょう。

例 (この　**este**) bolso　このハンドバッグ

1) (この　　　　　) lechuga
2) (それらの　　　) plátanos
3) (あれらの　　　) ajos
4) (これらの　　　) patatas
5) (その　　　　　) manzana
6) (あの　　　　　) tomate
7) (あの　　　　　) cebolla
8) (この　　　　　) pimiento

2 指示形容詞を入れて、文を完成させましょう。

例 (**Esas**) gafas son de Luis.　そのメガネはルイスのものだ。

1) ¿Pedimos (　　　　　) vino?　あのワインを注文しましょうか。
2) Ella compra (　　　　　) tarta de chocolate.
   彼女はそのチョコレートケーキを買う。
3) Regalo (　　　　　) flores a mi madre.
   私は母にこれらの花をプレゼントする。
4) Vamos a tomar el metro desde (　　　　　) estación.
   この駅から地下鉄に乗りましょう。
5) (　　　　　) calcetines son de algodón.　それらの靴下は綿でできている。

3 指示形容詞を適当な形にして、文を完成させましょう。

例 (Este → **Estos**) vinos son de Chile.　これらのワインはチリ産だ。
　 (Ese → **Esos**) vinos son de Chile.　それらのワインはチリ産だ。
　 (Aquel → **Aquel**) vino es de Chile.　あのワインはチリ産だ。

1) (Ese　　　　　) rosas son rojas.　それらのバラは赤い。
   (Aquel　　　　) rosa es roja.　あのバラは赤い。
2) (Este　　　　　) chico toca muy bien la guitarra.
   この少年はとても上手くギターを弾く。
   (Aquel　　　　) chicos tocan muy bien la guitarra.
   あちらの少年たちはとても上手くギターを弾く。
3) (Este　　　　　) oficinas están cerca de la estación.
   これらのオフィスは駅の近くにある。
   (Ese　　　　　) oficina está cerca de la estación.
   そのオフィスは駅の近くにある。

4 イタリック体の主語を変えて、文章を完成させましょう。性数一致に気をつけること。

> 例 *Aquellas secretarias* son rubias.　あちらの秘書たちは金髪だ。
> （こちらの秘書　　Esta secretaria　　） es rubia.
> （そちらの秘書たち　Esos secretarios　） son rubios.

1) *Este periodista* es listo.　こちらの新聞記者は賢い。
   （そちらの新聞記者たち　　　　　　　　　　　　　） son listos.
   （あちらの新聞記者　　　　　　　　　　　　　　　） es lista.

2) *Ese señor francés* es abogado.　そちらのフランス人男性は弁護士だ。
   （こちらのフランス人女性　　　　　　　　　　　　） es abogada.
   （あちらのフランス人男性たち　　　　　　　　　　） son abogados.

3) *Este actor* es muy famoso.　こちらの俳優はとても有名だ。
   （そちらの俳優たち　　　　　　　　　　　　　　　） son muy famosos.
   （あちらの女優　　　　　　　　　　　　　　　　　） es muy famosa.

5 単数なら複数に、複数なら単数にしましょう。

> 例 este anillo caro　この値段の高い指輪　→　estos anillos caros
> 　　esas camisas azules　それらの青いシャツ　→　esa camisa azul

1) ese cinturón ancho　その幅広いベルト
   （　　　　　　　　　　　　　　　）
2) aquellas gabardinas nuevas　あれらの新しいコート
   （　　　　　　　　　　　　　　　）
3) estos botones blancos　これらの白いボタン
   （　　　　　　　　　　　　　　　）

6 指示代名詞を入れて、文を完成させましょう。

> 例 Esta señorita es española, y (　aquella　) es francesa.
> この女性はスペイン人で、あちらはフランス人だ。

1) Ese tren va para Barcelona, y (　　　　　　) va para Valencia.
   その電車はバルセロナ行きで、これはバレンシア行きだ。

2) Aquellas piñas son ácidas, pero (　　　　　　) no lo es.
   あれらのパイナップルはすっぱいが、それはそうではない。

3) No compro estos guantes de cuero, sino (　　　　　　).
   私はこれらの皮手袋ではなく、あれらを買う。

第6章　指示詞（指示形容詞・指示代名詞）

29

7 指示形容詞、または指示代名詞を入れましょう。

例 ¿Dónde duerme esta niña?　　　この少女はどこで寝ますか。
　　(この　　Esta　　) niña duerme aquí.　　この少女はここで寝ます。
　　(こちらは　Esta　) duerme aquí.　　こちらはここで寝ます。

1) ¿De dónde son estos señores?　こちらの男性たちはどこの出身ですか。
　　(こちらの　　　　　) señores son de Perú.
　　(こちらは　　　　　) son de Perú.

2) ¿Hasta cuándo continúa ese curso especial?　その特別講座はいつまで続きますか。
　　(その　　　　　) curso especial continúa hasta el viernes próximo.
　　(それは　　　　　) continúa hasta el viernes próximo.

3) ¿Para dónde parte aquel viajero?　あちらの旅行者はどこへ出発するのですか。
　　(あちらの　　　　　) viajero parte para los Estados Unidos.
　　(あちらは　　　　　) parte para los Estados Unidos.

8 質問と答えを書きましょう。

例　これは何ですか。　¿Qué es esto?　<reloj　時計>
　　これは時計です。　– Esto es un reloj.

1) それは何ですか。　<microscopio　顕微鏡>

2) これは何ですか。　<guantes　手袋>

3) あれは何ですか。　<iglesia　教会>

9 語句を並べかえて文章を作りましょう。

例　あれは君のお兄さんのオフィスです。　[es, tu hermano, de, la oficina, aquella]
　　Aquella es la oficina de tu hermano.

1) その地域には面白い店がいくつかある。
　　[hay, interesantes, tiendas, en, varias, ese barrio]

2) これらのイヤリングは私ので、それらは姉のものだ。
　　[míos, y, de, son, mi hermana, estos pendientes, son, esos]

3) あのゴヤの絵はプラド美術館にはない。
　　[de, el, aquel cuadro, Museo del Prado, en, está, no, Goya]

¡Un poco más!

1 指示詞を入れましょう。

例（この　**Este**　）año Juan estudia francés.　今年フアンはフランス語を勉強する。

1) De (この　　　　　) manera enseño a leer y a escribir a mis hijos.
2) En (その　　　　　) momento un hombre entra en el cuarto.
3) (この　　　　　) semana no voy a la oficina.
4) En (あの　　　　　) entonces aquí había una panadería.
5) ¿Por (それ　　　　　) lloras?
6) En la foto salen Alfonso y Sonia: (こちら　　　　　) es rubia, y (あちら　　　　　), moreno.
7) (これらの　　　　　) días no tengo apetito.
8) Inés no habla más que de sí misma. (それ　　　　　) me da mucha rabia.
9) No acabo de entender (それ　　　　　) de la verdad y la mentira en política.
10) (この　　　　　) mes vamos a viajar por China.

2 日本語に訳しましょう。

1) Echo mucho de menos aquellos días felices.

2) Los españoles comen a eso de las dos.

3) ¿Por qué no compramos estas naranjas?

4) Esa señora pregunta por el director.

3 スペイン語に訳しましょう。

1) この先生は彼らに日本史 (Historia de Japón) を教える。

2) カルメンのブーツはこれではなくてあれです。(no 〜 sino…)

3) その幹線道路 (carretera) は交通量が多い (mucho tráfico)。

4) 私は毎日残業をしなくては (hacer horas extras) ならず、それが気に入らない。

第6章　指示詞（指示形容詞・指示代名詞）

第7章 所有詞（所有形容詞・所有代名詞）

→ 解答例・解説はP.144

1 所有形容詞前置形を入れましょう。

/10

例 (彼女の　　su　　) madre　彼女の母親

1) (私の　　　　　) familia　　2) (君の　　　　　) padres
3) (彼の　　　　　) hermana　　4) (私たちの　　　) tía
5) (君たちの　　　) abuelos　　6) (彼女たちの　　) primo
7) (私の　　　　　) novia　　　8) (あなたの　　　) esposo
9) (彼らの　　　　) sobrinas　10) (あなた方の　　) bisabuela

2 所有形容詞後置形を入れましょう。

/10

例 un amigo　　(私の　　mío　　)　私の一人の友人

1) un bolígrafo　　(あなたの　　　　)
2) un diccionario　(君の　　　　　　)
3) unas carpetas　 (彼らの　　　　　)
4) unos lapiceros　(彼女の　　　　　)
5) unas reglas　　 (君たちの　　　　)
6) una pluma　　　 (私の　　　　　　)
7) unos cuadernos　(君の　　　　　　)
8) unas gomas　　　(私たちの　　　　)
9) un libro de texto (彼女たちの　　)
10) unos lápices　 (あなた方の　　　)

3 「所有形容詞前置形＋名詞」を「不定冠詞＋名詞＋所有形容詞後置形」に書きかえましょう。

/8

例 mi hijo　私の息子　→　un hijo mío　私の一人の息子

1) mis calcetines　　(　　　　　　　　　　　　　)
2) tu cazadora　　　 (　　　　　　　　　　　　　)
3) sus vestidos　　　(　　　　　　　　　　　　　)
4) nuestros uniformes (　　　　　　　　　　　　　)
5) mi jersey　　　　 (　　　　　　　　　　　　　)
6) tus pantalones　　(　　　　　　　　　　　　　)
7) vuestras camisetas (　　　　　　　　　　　　　)
8) su pijama　　　　 (　　　　　　　　　　　　　)

4 ＜　＞内の語句を用いて質問に答えましょう。

例　¿De qué color es tu corbata?　君のネクタイは何色ですか。　＜blanco　白＞
　　– Mi corbata es blanca.　私のネクタイは白です。

1) ¿De qué color son vuestros sombreros?　君たちの帽子は何色ですか。
　　＜marrón　茶色＞

2) ¿Cómo está tu hermana?　君のお姉さんは元気ですか。
　　＜resfriado　風邪をひいている＞

3) ¿Dónde está nuestra maleta?　私たちのスーツケースはどこですか。
　　＜debajo de la cama　ベッドの下＞

4) ¿Cuántos años tiene vuestro primo?　君たちのいとこは何歳ですか。
　　＜cuarenta y cinco años　45歳＞

5) ¿Cuándo es su cumpleaños?　彼の誕生日はいつですか。
　　＜el cinco de agosto　8月5日＞

5 語句を並べかえて文章を作りましょう。必要な場合、イタリック体の所有形容詞は性数変化をさせること。

例　この彼のパソコンは性能がよい。　[bien, ordenador, funciona, este, *suyo*]
　　Este ordenador suyo funciona bien.

1) こちらの私の友人の名前はフアンです。　[se llama, *mío*, Juan, amigo, este]

2) あれらの君の女生徒たちはこの学校に来てひと月になる。
　　[*tuyo*, un mes, aquellas, en esta escuela, llevan, alumnas]

3) 私たちのいとこはとてもテニスが上手い。
　　[al, muy bien, *nuestro*, primo, juega, tenis]

4) 彼女の犬はしつけが難しい。　[controlar, perro, de, es, *su*, difícil]

5) この君たちの部屋は快適だ。　[es, *vuestro*, agradable, habitación, esta]

第7章　所有詞（所有形容詞・所有代名詞）

6 所有代名詞（定冠詞＋所有形容詞後置形）を用いて文を書きかえましょう。

例　Mi casa es blanca.　私の家は白です。　→　La mía es blanca.　私のは白です。

1) Su traje es moderno.　　　　　　彼のスーツはモダンだ。

2) Vuestra mesa ya está preparada.　君たちのテーブルはもう準備できている。

3) Mis maletas pesan mucho.　　　　私のスーツケースはとても重い。

4) Tu problema parece grave.　　　　君の問題は深刻そうだ。

7 所有形容詞後置形を用いて文を書きかえましょう。

例　Esta es mi casa.　これは私の家です。　→　Esta es mía.　これは私のです。

1) Ese es nuestro coche.　　　　　　それは私たちの車です。

2) Esas son tus gafas de sol.　　　　それは君のサングラスです。

3) Aquella es vuestra tienda de campaña.　あれは君たちのテントです。

4) Este es su colegio.　　　　　　　これは彼の学校です。

8 質問に Sí または No で答えましょう。

例　¿Es este diccionario de Juan?　– Sí, es suyo.　– No, no es suyo.
　　この辞書はフアンのものですか。　はい、彼のものです。いいえ、彼のものではありません。

1) ¿Las raquetas son de vosotros?　それらのラケットは君たちのものですか。
　– Sí,

2) ¿Es este apartamento de Carmen?　このアパートはカルメンのものですか。
　– No,

3) ¿La caja de herramientas es de Luis?　その道具箱はルイスのものですか。
　– No,

4) ¿Estos paquetes son de tu hermano?　これらの小包は君の弟のものですか。
　– Sí,

¡Un poco más!

1 スペイン語文の間違いを正しましょう。

例 Esta maleta es suyo. このスーツケースは彼のです。　✗ suyo → ○ suya

1) Mariana y Susana son nuestra sobrinas.

2) Tu piso y la mía están en el mismo barrio.

3) Pablo me presta algunos sus libros.

4) Consuelo es su novia de Manuel.

5) El dentista le saca su muela.

2 日本語に訳しましょう。

1) Tus padres viven lejos, pero los míos, en esta ciudad.

2) Diana es la amiga tuya y de tu madre.

3) Aquellos chicos son casi hermanos suyos.

4) No queremos hablar de lo nuestro.

5) Quiero verlo con mis propios ojos.

3 スペイン語に訳しましょう。

1) 君のせい (por tu culpa) で私は列車に乗り遅れ (perder) そうだ。

2) この時計 (reloj) は私のではなく彼女のだ。(no ～ sino …)

3) 彼のコート (abrigo) は黒 (negro) だが、私のはグレー (gris) だ。

4) この君のブラウス (blusa) は上品だ (elegante)。

第8章 人称代名詞
（直接目的格・間接目的格・前置詞格）

→ 解答例・解説は P.147

1 直接目的格代名詞を入れましょう。

例　Ricardo (**os**) ayuda mañana.　明日リカルドが君たちを手伝う。

1) (　　　　) esperas aquí, ¿no?
   君はここで私たちを待っていてくれるよね。

2) ¿Quieres esta pluma?　　　－ Sí, (　　　　) quiero.
   君はこのペンが欲しいですか。　　－ はい、それが欲しいです。

3) No (　　　　) oigo bien.
   君の言っていることがよく聞こえません。

2 下線部を直接目的格代名詞にして、文を書きかえましょう。

例　Compro unos tomates.　　私はトマトを買う。
　　→ Los compro.　　　　　　私はそれらを買う。

1) Cristina quiere mucho a su marido.　　クリスティーナは夫をとても愛している。

2) No alquilamos la habitación.　　私たちは部屋を借りない。

3) Voy a visitar a mis abuelos mañana.　　明日私は祖父母を訪ねるつもりだ。

3 ＜　＞内の語句を使って、問いに答えましょう。イタリック体の箇所は直接目的格代名詞にすること。

例　¿Quién espera *a los niños*?　誰が子供たちを待ちますか。　＜José　ホセ＞
　　→ José los espera.　　ホセが彼らを待ちます。

1) ¿Cuándo tienes *el examen de matemáticas*?　君はいつ数学の試験がありますか。
   ＜este jueves　今度の木曜日＞

2) ¿A dónde llevan *estas cajas*?　彼らはどこへこれらの箱を持っていきますか。
   ＜a la fábrica　工場へ＞

3) ¿Con quién pasan ustedes *las vacaciones*?　あなた方は誰と休暇を過ごしますか。
   ＜con la familia　家族と＞

4 直接目的格代名詞、または間接目的格代名詞を入れましょう。

例 (**Te**) doy unos caramelos.　私は君にキャンディーをあげる。

1) No (　　　) digo la verdad.　　　私は彼らに本当のことを言わない。
2) ¿(　　　) pido otra caña?　　　君たちのためにもう一杯生ビールを注文しようか。
3) Yo (　　　) recomiendo aquel restaurante italiano.
   私はあなたにあのイタリア料理店を勧める。
4) ¿(　　　) dejas esta novela?　　– Claro, (　　　) (　　　) dejo.
   君は私にこの小説を貸してくれますか。　– もちろん、君にそれを貸してあげよう。
5) ¿Lleváis este documento al jefe?　– No, no (　　　) (　　　) llevamos.
   君たちはこの書類を上司に持っていきますか。– いいえ、彼にそれを持っていきません。

5 下線部を目的格代名詞にして、文を書きかえましょう。

例 Dejo el coche a Carlos.　　僕はカルロスに車を貸す。
　→ Le dejo el coche.　　　　僕は彼に車を貸す。

1) La madre no compra los cómics a sus hijos.　母親は息子たちに漫画を買わない。

2) Podéis hacer preguntas a vuestro profesor.　君たちは先生に質問をしてもいい。

3) Ellos preguntan la dirección al policía.　彼らは警察官に住所を尋ねる。

6 ＜　＞内の語句を使って、問いに答えましょう。イタリック体の箇所は目的格代名詞にすること。

例 ¿Qué regalas *a tu novio*?　君は恋人に何を贈りますか。
　＜unos gemelos　カフスボタン＞
　→ Le regalo unos gemelos.　私は彼にカフスボタンを贈ります。

1) ¿Para cuándo te reparan *la moto*?　君はいつまでにバイクを修理してもらいますか。
   ＜para mañana　明日までに＞

2) ¿Cómo le envías *los mensajes*?　君はどうやって彼にメッセージを送りますか。
   ＜por correo electrónico　電子メールで＞

3) ¿Quién sirve *té a los invitados*?　誰が招待客にお茶を出しますか。
   ＜yo　私が＞

第8章　人称代名詞（直接目的格・間接目的格・前置詞格）

37

7 前置詞格代名詞を入れましょう。

例 Ellos hablan mal de (私　**mí**　). 彼らは私の悪口を言っている。

1) Gracias a (君　　　　) podemos realizar este proyecto.
   君のおかげで、私たちはこのプロジェクトを実現できる。

2) ¡Salud! Vamos a brindar por (私たち　　　　).
   乾杯！私たちに乾杯しましょう。

3) El éxito de este congreso depende de (あなた方　　　　).
   この大会の成功はあなた方次第だ。

4) Estos claveles son para (彼女　　　　).
   これらのカーネーションは彼女のためのものだ。

5) Después de verlo en la fiesta, todo el día pienso en (彼　　　　).
   パーティーで彼と会ってから、一日中彼のことを考えている。

8 前置詞格代名詞を使って問いに答えましょう。

例 ¿Este libro es para Elena?　この本はエレナのためのものですか。
   – Sí, es para ella.　はい、彼女のためのものです。

1) ¿Confías en tus compañeros?　君は同僚を信用していますか。
   – Sí,

2) ¿Os acordáis de mí?　君たちは私のことを覚えていますか。
   – No,

3) ¿Juana trabaja contigo?　フアナは君と一緒に仕事をしますか。
   – No,

9 語句を並べかえて文章を作りましょう。

例 今晩、私は彼女に電話する。　[por teléfono, la, esta noche, llamo]
   Esta noche la llamo por teléfono.

1) 今日からホセは私たちとここで一緒に働く。
   [con, José, trabaja, nosotros, aquí, a partir de hoy]

2) 彼にサッカーボールをプレゼントしてあげましょう。
   [de, una pelota, regalarle, fútbol, vamos a]

3) 台所でスサナが私たちに夕食を作ってくれる。
   [nos, la cocina, Susana, la cena, prepara, en]

¡Un poco más!

1 間違いを正して、全文を書き直しましょう。

例 Le la escribimos.　　　(Se la escribimos.) 私たちは彼にそれを書く。

1) Juan lo me presta.　　　(　　　　　　　　　　　)
2) Para yo no es nada.　　　(　　　　　　　　　　　)
3) Lola está la leyendo.　　　(　　　　　　　　　　　)
4) Es necesario lo convencer.　　　(　　　　　　　　　　　)
5) Les los prestamos.　　　(　　　　　　　　　　　)
6) Voy con ti.　　　(　　　　　　　　　　　)
7) Deseo enviárlelas.　　　(　　　　　　　　　　　)
8) ¿Estáis resfriadas?
 – Sí, las estamos.　　　(　　　　　　　　　　　)

2 日本語に訳しましょう。

1) ¿Qué es lo que te pasa?

2) Mamá, tengo mucho calor. Cómprame un helado.

3) Esta música me recuerda mi infancia.

4) En la Edad Media los reinos cristianos luchan entre sí.

5) Vamos de excursión a una aldea cercana; en ella hay una granja enorme.

3 スペイン語に訳しましょう。

1) 君をロドリーゲス博士 (el doctor Rodríguez) に紹介して (presentar) あげよう。

2) このニュースは真実だと言われている (dicen que) が、私は信じない。

3) 私たちはサッカーをすることが大好きだ。君はどうですか。

4) 息子が公園から戻ってくると、母親は彼の手を石けんで洗う。

5) どうして君はそのことを私に話して (contar) くれないのですか (¿por qué no…?)。

¿Repasamos? 2

第5章～第8章

→ 解答例・解説はP.149

1. 所有形容詞を入れて、文を完成させましょう。

> 例 Yo tengo una bicicleta vieja.　私は古い自転車を持っている。
> → (Mi) bicicleta es vieja.　私の自転車は古い。

1) Tú tienes un gato negro.
→ (　　　　) gato es negro.
2) Nosotros tenemos dos amigos de España.
→ (　　　　) dos amigos son de España.
3) Rafael estudia en esta escuela privada.
→ (　　　　) escuela es privada.
4) Las chicas se ponen el abrigo de lana.
→ (　　　　) abrigos son de lana.
5) Vosotros vivís en aquel piso antiguo.
→ (　　　　) piso es antiguo.

2. 日本語に訳しましょう。

1) ¿No puedes ir de pesca con nosotros?

　– Sí, puedo ir, es que me han cancelado la reunión.

2) ¿Cuántos empleados trabajan en esta fábrica de coches?

　– No sé exactamente.

3) ¿Cómo van tus compañeros a la oficina?

　– La mayoría de ellos van en metro.

3. スペイン語に訳しましょう。

1) 君はスペインのどこの出身ですか。

2) 君の携帯電話の番号を教えてもらえますか。
　　スペインでは (teléfono) móvil、ラテンアメリカでは (teléfono) celular

3) 君は明日病院についてきてくれますよね。
　　acompañar

チョコレート

　香しい甘さとほろ苦さで世界中の人々をとりこにしているチョコレート。その歴史はメキシコ南部から始まります。紀元前10世紀には、原料のカカオ豆は神への供物として、また貨幣として利用されていました。その価値は非常に高く、100粒で奴隷一人と交換されたと言われています。16世紀、コロンブス一行が初めて口にしたチョコレートは、バニラやトウガラシなどを混ぜ込んだカカオペーストを水や湯に溶かして飲用するものでした。お世辞にも美味しいとは言えぬ代物だったようです。その後1528年にカカオはスペインに持ち込まれます。砂糖が加えられることで現在のホットチョコレートが生まれ、王侯貴族の間で富と権力を象徴する飲み物となりました。それから300年以上のちに初めて固形の「食べる」チョコレートが登場します。それまではチョコレートと言えば「飲む」ものを指していました。

　スペインでは、濃いホットチョコレートに、チューロと呼ばれる棒状の揚げドーナツをひたして食べる chocolate con churros が人気の朝食です。揚げたてのチューロとトロトロのチョコレートの相性は抜群です。churrería と呼ばれる専門店もあり、地元の人や観光客でにぎわっています。

チュロスとホットチョコレート

マドリードのカフェテリア

第9章 GUSTAR 型動詞

→ 解答例・解説は P.150

1 < >内に人称代名詞、( )内に gustar を直説法現在に活用させたものを入れましょう。

例 < **Me** > (**gusta**) esta novela.　私はこの小説が好きです。

1) < 　　　 > (　　　) el actor.
   私はその俳優が好きです。

2) < 　　　 > (　　　) la música clásica.
   彼はクラシック音楽が好きです。

3) ¿A usted < 　　　 > (　　　) los dibujos animados?
   あなたはアニメが好きですか。

4) < 　　　 > (　　　) cocinar.
   彼女は料理が好きです。

5) ¿< 　　　 > (　　　) los niños?
   君は子どもが好きですか。

6) No < 　　　 > (　　　) las películas de miedo.
   私たちはホラー映画が好きではありません。

7) < 　　　 > (　　　) la Fórmula 1.
   彼らはF1が好きです。

8) ¿Qué < 　　　 > (　　　) hacer los domingos?
   君たちは日曜日に何をするのが好きですか。

9) ¿A ustedes < 　　　 > (　　　) esa obra de teatro?
   あなた方はその舞台作品が好きですか。

10) < 　　　 > (　　　) charlar con mis amigas.
    私は友達とおしゃべりすることが好きです。

2 gustar を用いて文を作りましょう。

例 A mí / bailar ＜踊る＞ → **A mí me gusta bailar.**　私は踊ることが好きだ。

1) A vosotros / jugar al golf ＜ゴルフをする＞

2) A Rosa y a mí / la comida mexicana ＜メキシコ料理＞

3) A ti / las flores ＜花＞

4) A Gonzalo y a Elisa / tocar la guitarra y cantar ＜ギターを弾いて歌うこと＞

3 質問に答えましょう。

例 ¿Qué deporte te gusta más, el fútbol o el baloncesto? <el fútbol>
君はサッカーとバスケットボールではどちらのスポーツが好きですか。
– Me gusta más el fútbol.
私はサッカーの方が好きです。

1) ¿Qué idioma te gusta más, el inglés o el francés? <el inglés>
君は英語とフランス語ではどちらの言語が好きですか。

2) ¿Qué vino os gusta más, el tinto o el blanco? <el blanco>
君たちは赤ワインと白ワインではどちらのワインが好きですか。

3) ¿Qué comida le gusta más a su hijo, la casera o la rápida? <la casera>
あなたの息子は家庭料理とファーストフードではどちらの食事が好きですか。

4) ¿Qué ciudad les gusta más a ellos, Madrid o Barcelona? <Barcelona>
彼らはマドリードとバルセロナではどちらの都市が好きですか。

5) ¿Qué pintor les gusta más a ustedes, Velázquez o Goya? <Velázquez>
あなた方はベラスケスとゴヤではどちらの画家が好きですか。

4 ＜　＞内の語句を用いて否定の答えを作りましょう。

例 ¿Te duele la cabeza?　君は頭が痛いのですか。
＜el estómago　胃＞
– No, no me duele la cabeza. Me duele el estómago.
いいえ、頭は痛くありません。胃が痛いです。

1) ¿A usted le duele la espalda?　あなたは背中が痛いのですか。
＜los hombros　肩＞

2) ¿Te duele el brazo?　君は腕が痛いのですか。
＜la mano derecha　右手＞

3) ¿Te duelen las rodillas?　君は膝が痛いのですか。
＜los tobillos　足首＞

5 動詞を直説法現在に活用させましょう。

> 例 Me (molestar → *molestan*) los ruidos de la calle.
> 私は通りの喧騒が迷惑だ。

1) Me (interesar   ) las costumbres indígenas.
   私は原住民の習俗に興味がある。

2) A Isabel le (chiflar   ) el flameno.
   イサベルはフラメンコに夢中だ。

3) ¿Os (parecer   ) divertida la película?
   君たちはその映画をおもしろいと思いますか。

4) ¿Te (importar   ) recoger los platos?
   お皿を片付けてもらってもいいですか。

5) Nos (encantar   ) la música clásica.
   私たちはクラシック音楽が大好きだ。

6 語句を並べかえて文章を作りましょう。イタリック体の動詞は活用させること。

> 例 私はその作家が大好きです。　[el escritor, *encantar*, me]
> Me encanta el escritor.

1) 君はいつから頭が痛みますか。
   [cuándo, la cabeza, te, desde, *doler*]

2) なぜあなた方は現代アートに興味があるのですか。
   [el arte, les, por qué, *interesar*, contemporáneo]

3) ハバナはいかがですか。
   [qué, La Habana, le, *parecer*]

4) 君たちは青と緑のどちらが好きですか。
   [más, os, el verde, *gustar*, el azul, cuál, o]

5) 夫はショッピングに行くことが全く好きではない。
   [no, ir de compras, a, *gustar*, le, nada, mi marido]

6) 私は歯が痛くて眠れない。
   [no puedo, las muelas, y, dormir, *doler*, me]

¡Un poco más!

1 動詞を直説法現在に活用させましょう。

例　No me (importar → importa) nada lo que tú dices.
君の言うことは私にはどうでもよい。

1) Hoy te (tocar　　　　　) cocinar.
2) Me (entrar　　　　　) el sueño.
3) Le (arder　　　　　) la frente. ¿Quiere tomar aspirina?
4) Me (temblar　　　　　) las manos.
5) No nos (convenir　　　　　) este trabajo.
6) Su idea me (parecer　　　　　) genial.
7) Os (faltar　　　　　) experiencia.
8) Me (extrañar　　　　　) verte aquí.
9) Nos (sobrar　　　　　) diez euros.
10) A María le (pesar　　　　　) tener que trabajar con él.

2 日本語に訳しましょう。

1) ¿Qué crees que le interesa a Jaime?

2) ¿Te importa traerme un vaso de agua?

3) Me agrada salir con usted.

4) ¿Te apetece ir al cine conmigo?

3 スペイン語に訳しましょう。

1) 私の両親は夜に散歩をする (pasear por la noche) のが好きです。

2) 私の意見など彼にはどうでもよい (importar)。

3) 祖母はあまり牛乳 (la leche) が好きではありません。

4) 私は冷たいもの (algo frío) を食べると (cuando)、お腹 (el vientre) が痛くなる。

第9章　GUSTAR型動詞

45

第10章 不定語・否定語

→ 解答例・解説は P.152

1 否定で答えましょう。

例 ¿Compras algo?　　　　　　　　　– No, no compro nada.
　君は何かを買いますか。　　　　　　いいえ、何も買いません。

1) ¿Podemos hacer algo por ellos?　　私たちは彼らのために何かできますか。
　– No, _____

2) ¿Oyes algo?　　　　　　　　　　　君は何か聞こえますか。
　– No, _____

3) ¿Te apetece beber algo?　　　　　　君は何か飲み物がほしいですか。
　– No, _____

2 否定で答えましょう。

例 ¿Viene alguien?　　　　　　　　　– No, no viene nadie.
　誰か来ますか。　　　　　　　　　　いいえ、誰も来ません。

1) ¿Prestas el coche a alguien?　　　　君は誰かに車を貸しますか。
　– No, _____

2) ¿Alguien te visita hoy?　　　　　　今日誰か君を訪ねますか。
　– No, _____

3) ¿Alguien viaja por México?　　　　誰かメキシコを旅行しますか。
　– No, _____

3 否定の答えを二通り書きましょう。

例 ¿Hay algún banco por aquí?　　　　この辺にどこか銀行はありますか。
　– No, no hay ningún banco.　　　　いいえ、銀行はひとつもありません。
　– No, no hay ninguno.　　　　　　　いいえ、ひとつもありません。

1) ¿Queda alguna plaza?　　　　　　　どこか席が残っていますか。
　– No, _____
　– No, _____

2) ¿Compramos algunas peras?　　　　いくつか洋なしを買いましょうか。
　– No, _____
　– No, _____

3) ¿Viene algún chico español?　　　　誰かスペイン人の少年は来ますか。
　– No, _____
　– No, _____

4 algo, nada, alguien, nadie, alguno, ninguno から不定語、否定語を選びましょう。必要があれば適切な形にすること。

> 例 ¿Quieres decir (**algo**)?　君は何か言いたいですか。

1) Joaquín no escucha (　　　　) consejo.
   ホアキンはどんな忠告も聞かない。
2) ¿Compramos una caja de galletas y probamos (　　　　)?
   ビスケットを一箱買って、何枚か食べようか。
3) (　　　　) ayuda a los vecinos.　誰も近所の人たちを手伝わない。
4) ¿(　　　　) sabe su dirección?　誰か彼の住所を知りませんか。
5) Quiero tomar (　　　　).　私は何か飲みたい。
6) Hoy no tengo (　　　　) que hacer.
   今日私は何もやるべきことがない。
7) ¿Vienen a la fiesta (　　　　) chicas?
   パーティに誰か女の子たちは来ますか。
8) No tenemos (　　　　) pregunta.　私たちは何も質問がありません。
9) ¿Asistes a (　　　　) clase esta tarde?
   今日の午後、君は何か授業に出席しますか。
10) No debes de decírselo a (　　　　).
    君は誰にもそれを言うべきではない。

5 否定で答えましょう。

> 例 ¿Quieres algo de comer?　　何か食べるものがほしいですか。
> – No, no quiero nada de comer.　いいえ、食べるものは何もほしくありません。

1) ¿Alguien me acompaña hasta la estación?　駅まで誰か私と行ってくれますか。
   – No, _____
2) ¿Aquí trabaja algún mecánico?　ここでは誰か整備士が働いていますか。
   – No, _____
3) ¿Estáis preocupados por algo?　君たちは何か心配しているのですか。
   – No, _____
4) ¿Hoy te pones alguna gorra?　今日君は何か帽子をかぶりますか。
   – No, _____
5) ¿Traes algo de dinero?　君はお金をいくらか持ってきましたか。
   – No, _____

第10章　不定語・否定語

6 todo, uno, otro, mucho, poco, tanto, tal, mismo, cada, cualquiera から不定語を選びましょう。必要があれば適切な形にすること。

> 例 Me vale (cualquiera) de estos libros de consulta.
> これらの参考書ならどれでも私の役に立つ。

1) (　　　　　) de sus amigos acudieron al concierto.
   彼の友人の多くがコンサートに駆けつけた。

2) En esta región llueve (　　　　　) en junio.
   この地方では、6月にわずかしか雨が降らない。

3) (　　　　　) el mundo sabe la verdad.
   みんなが真実を知っている。

4) Visito a mi abuela (　　　　　) dos días.
   私は一日おきに祖母を訪ねる。

5) Puedes venir a mi despacho a (　　　　　) hora.
   何時でも私の研究室に来ていいですよ。

6) Hay dos edificios históricos en el pueblo: (　　　　　) es románico y el (　　　　　) es barroco.
   村に歴史的な建物が二つある。一つはロマネスク様式、もう一つはバロック様式だ。

7) Pablo ha tomado (　　　　　) vino que no puede caminar recto.
   パブロはたくさんワインを飲んだので、まっすぐ歩くことができない。

8) ¿Cuántas veces tengo que decirte lo (　　　　　)?
   何度君に同じことを言わなければならないんだ！

9) En (　　　　　) circunstancias no había más remedio que esperar.
   そのような状況では、待つよりほか方法はなかった。

7 nada, nunca, apenas, tampoco, ni から否定語を選びましょう。必要があれば適切な形にすること。

> 例 No nieva (nunca) en esta isla.　この島では決して雪が降らない。

1) Si no vas al congreso, yo (　　　　　) voy.
   君が会議に行かないなら、僕も行かない。

2) Marta no come carne (　　　　　) pescado.
   マルタは肉も魚も食べない。

3) (　　　　　) hemos estado en Nueva York.
   私たちは一度もニューヨークに行ったことがない。

4) No me interesa (　　　　　) la literatura latinoamericana.
   私はラテンアメリカ文学にまったく興味が無い。

5) Mi hijo (　　　　　) habla conmigo.
   息子はほとんど私と話さない。

¡Un poco más!

1 語句を並べかえて文章を作りましょう。

例) 私は一度も君に嘘をついたことはない。　[te, ninguna vez, no, he mentido]
　　No te he mentido ninguna vez.

1) 誰かが私の後をつけているようだった。
　　[que, estaba siguiéndome, parecía, alguien]

2) 反対している人もいれば、賛成しているも人もいる。
　　[dicen, no, otros, sí, que, algunos, pero, que]

3) 従業員は1人も仕事に遅れてはならない。
　　[tarde, al trabajo, ningún empleado, debe llegar]

2 日本語に訳しましょう。

1) En los grandes almacenes hay de todo.

2) Vamos a comer algo rico al terminar el trabajo, ¿de acuerdo?

3) Hace apenas un mes que él empezó a aprender español.

4) Como te ayudan, tú también debes ayudar a los demás.

5) Ninguno de los dos participa en este voluntariado.

3 スペイン語に訳しましょう。

1) 君たちはどんな専門課程 (carrera) を選んでもよい。

2) 君のいとこは時々 (algunas veces) このバルへ来る。

3) 図書館では誰も大きな声で (en voz alta) 話してはならない。

4) 私の父はタバコも吸わなければ、酒も飲まない。

5) 明日はマイテの誕生日 (el cumpleaños) だが、私は彼女にまだ何も買っていない。

第10章　不定語・否定語

第11章 再帰動詞

→ 解答例・解説は P.154

1 動詞を直説法現在に活用させましょう。

例 bañarse　（yo　　me baño　）　水浴びをする、入浴する

1) mirarse　　（nosotros　　　）　2) limpiarse　（tú　　　　　）
3) afeitarse　（vosotros　　　）　4) ocuparse　（usted　　　）
5) morirse　　（nosotros　　　）　6) caerse　　（usted　　　）
7) acordarse　（ellas　　　　）　8) sentirse　（él　　　　　）
9) irse　　　（ellos　　　　）　10) vestirse　（ustedes　　）
11) dormirse　（tú　　　　　　）　12) hacerse　（yo　　　　　）

2 下線部の他動詞と再帰動詞の違いに注意して、日本語に訳しましょう。

例　a. El médico sienta al paciente en la silla.　医師は患者を椅子に座らせる。
　　b. El médico se sienta en la silla.　医師は椅子に座る。

1) a. Mi madre me levanta a las seis.

　　b. Mi madre se levanta a las seis.

2) a. La enfermera pone una bata al paciente.

　　b. La enfermera se pone una bata blanca.

3) a. María y Paco saludan a sus vecinos.

　　b. María y Paco se saludan.

4) a. Me parece que él es el padre de Ignacio.

　　b. Ignacio se parece mucho a su padre.

5) a. Mi tío Lucas me casa con Lucía.

　　b. Mi tío Lucas se casa con Lucía.

3 動詞を直説法現在に活用させましょう。

例 Yo no (pintarse → me pinto) los domingos.　　私は日曜は化粧をしない。

1) Los niños (secarse　　　　　　　　) las manos con la toalla.
   子どもたちはタオルで手を拭く。

2) Mi abuelo (despertarse　　　　　　　　) temprano todas las mañanas.
   私の祖父は毎朝早く目を覚ます。

3) Los japoneses (quitarse　　　　　　　　) los zapatos en casa.
   日本人は家の中で靴を脱ぐ。

4) Tú (quejarse　　　　　　　　) de tu salud.
   君は自分の体調を嘆いている。

5) El profesor y sus alumnos (tutearse　　　　　　　　) fuera de la clase.
   先生と生徒は教室の外では「君」で呼び合っている。

6) En esta planta (fabricarse　　　　　　　　) pantallas de televisor.
   この工場ではテレビの画面が生産されている。

7) Yo no (atreverse　　　　　　　　) a decirle la verdad.
   私は敢えて彼に真実を言うつもりはない。

8) Mis hermanos y yo siempre (ayudarse　　　　　　　　) mucho.
   私たち兄弟はいつもお互いによく助け合っている。

9) (Peinarse　　　　　　　　) antes de ir a la cama.
   私は寝る前に髪をとかす。

10) En mayo (publicarse　　　　　　　　) una antología de poesía medieval.
    5月に中世の詩の選集が出版される。

4 再帰動詞が不定詞であることに注意して、再帰代名詞を適切な形にしましょう。

例 ¿Quieres (sentarse → sentarte) aquí?
君はここに座りたいですか。

1) Ya es tarde. Tengo que (marcharse　　　　　　　　).
   もう遅いです。私はおいとましなければなりません。

2) Tenéis que (lavarse　　　　　　　　) los dientes.
   君たちは歯を磨かなければならない。

3) Mi hermana va a (cortarse　　　　　　　　) el pelo en la peluquería.
   私の姉はその美容院で髪を切るつもりです。

4) Andrea y yo solemos (escribirse　　　　　　　　).
   アンドレアと私はよく手紙を書き合う。

5) Podéis (irse　　　　　　　　). Yo prefiero (quedarse　　　　　　　　) aquí.
   君たちは行ってもいいです。私はここに残るほうがよい。

第11章　再帰動詞

51

5 ＜　＞内の語句を用いて質問に答えましょう。

例　¿A qué hora te levantas normalmente?　通常君は何時に起きますか。
　　＜a las siete　7時＞
　　− Normalmente me levanto a las siete.　通常私は7時に起きます。

1) ¿Te bañas por la noche o te duchas por la mañana?
　君は夜お風呂に入りますか、それとも朝シャワーを浴びますか。
　＜bañarse por la noche　夜お風呂に入る＞

2) ¿Cómo se llama el baile?　そのダンスは何という名前ですか。
　＜salsa　サルサ＞

3) ¿A qué hora se acuestan los niños?　子供たちは何時に寝ますか。
　＜a las nueve　9時＞

4) ¿Dónde se venden sellos?　切手はどこで売られていますか。
　＜en el quiosco　キオスク＞

6 選択肢の動詞を用いて、一日の生活についての作文を完成させましょう。重複不可。
[bañarse, cenar, desayunar, despertarse, dormirse, ducharse, lavarse, levantarse, llegar, maquillarse, meterse, mirarse, peinarse, poner, ponerse, quitarse, salir, sentarse, tener, tomar]

Yo (目を覚ます　me despierto　) generalmente a las seis de la mañana y (1. 起きる　　　　　) a las seis y media. Después (2. シャワーを浴びる　　　　　) con agua caliente. (3. 見る　　　　　) en el espejo, (4. 髪をとかし　　　　　) y (5. 化粧をする　　　　　). (6. 身につける　　　　　) unos pantalones y una chaqueta. (7. 朝食を取る　　　　　) con café y tostadas. (8. 出る　　　　　) de casa a las ocho y media y (9. 到着する　　　　　) a la universidad a las nueve menos cuarto. Normalmente (10. ある　　　　　) cuatro clases al día. Después de las clases, (11. 飲む　　　　　) un café con mis amigos. Al volver a casa, primero (12. 洗う　　　　　) las manos. Por la noche, después de (13. 夕食を取る　　　　　) con mi familia, (14. 座る　　　　　) en el sillón y (15. つける　　　　　) la televisión. Después (16. 脱ぐ　　　　　) la ropa y (17. お風呂に入る　　　　　). (18. もぐりこむ　　　　　) en la cama y (19. 眠りにつく　　　　　) a eso de las once.

¡Un poco más!

1 動詞を直説法現在に活用させましょう。

例 Él no (alterarse → se altera) fácilmente.　彼はすぐに動揺したりしない。

1) El niño (ensuciarse　　　　　　　　) las manos.
2) Si vosotros (portarse　　　　　　　) bien, os llevo al parque de atracciones.
3) ¿Te va bien el negocio? - Pues no (quejarse　　　　　　).
4) Cuando habla en público, José siempre (ponerse　　　　　　) colorado.
5) Los alumnos (arrepentirse　　　　　　　　) de su conducta.
6) Los héroes siempre (librarse　　　　　　　) por los pelos.
7) La industria de este país (desarrollarse　　　　　　　) rápidamente.
8) Desde aquí (verse　　　　　　) bien los cerezos en flor.

2 日本語に訳しましょう。

1) Ella siempre se desahoga con su mejor amiga.

2) Mi sobrino tiene dos años y es monísimo. Yo me lo como.

3) Si cree usted que puede convencerme, se equivoca.

4) Las velas de la tarta se apagan con un solo soplido.

5) Tenemos que guardarnos de los falsos amigos, porque nos van a traicionar tarde o temprano.

3 スペイン語に訳しましょう。

1) 私の祖父は体の調子が悪い (encontrarse)。

2) 日差しが強いので (Como ~) 私は帽子をかぶりサングラス (las gafas de sol) をかけます。

3) 君といると僕は幸せだ (sentirse feliz)。

4) 彼はたまにファイル (carpeta) を持ってくるのを忘れる (olvidarse de)。

第11章　再帰動詞

第12章 比較

→ 解答例・解説はP.156

1 形容詞の優等比較級、劣等比較級、同等比較級の文を作りましょう。

例 Antonio es alto.　アントニオは背が高い。
　　優等：Antonio es (más) (alto) (que) Luis.
　　　　　アントニオはルイスより背が高い。
　　劣等：Luis es (menos) (alto) (que) Antonio.
　　　　　ルイスはアントニオより背が高くない。
　　同等：Jorge es (tan) (alto) (como) Antonio.
　　　　　ホルヘはアントニオと同じくらい背が高い。

1) Estos coches son caros.　これらの車は値段が高い。
　　優等：Estos coches son (　　) (　　) (　　) esos.
　　劣等：Esos coches son (　　) (　　) (　　) estos.
　　同等：Aquellos coches son (　　) (　　) (　　) estos.

2) Elena está cansada.　エレナは疲れている。
　　優等：Elena está (　　) (　　) (　　) yo.
　　劣等：Yo estoy (　　) (　　) (　　) Elena.
　　同等：Sus primos están (　　) (　　) (　　) Elena.

2 ＜　＞の形容詞を用いて優等最上級と劣等最上級の文を作りましょう。必要があれば形容詞を適切な形にすること。

例 優等：Antonio es (el) (más) (alto) de la clase.
　　　　　アントニオはクラスで一番背が高い。　＜ alto ＞
　　劣等：Rosa es (la) (menos) (alta) de la clase.
　　　　　ロサはクラスで一番背が高くない。

1) 優等：Esta iglesia es (　　) (　　) (　　) del pueblo.
　　　　　この教会は村で一番古い。　＜ antiguo ＞
　　劣等：Aquella iglesia es (　　) (　　) (　　) del pueblo.
　　　　　あの教会は村で一番古くない。

2) 優等：Mis guantes son (　　) (　　) (　　) de la tienda.
　　　　　私の手袋は店で一番かわいい。　＜ bonito ＞
　　劣等：Estos guantes son (　　) (　　) (　　) de la tienda.
　　　　　これらの手袋は店で一番かわいくない。

3 形容詞の比較級、最上級の文を作りましょう。

例　Esta novela es (**más**) interesante (**que**) aquella.
　　この小説はあれより興味深い。

1) Esta máquina es (　　　　) complicada (　　　　) la mía.
　　この機械は私のより複雑ではない。

2) Yo estoy (　　　　) contento (　　　　) tú.
　　私は君と同じくらい満足している。

3) Ángel es (　　　　)(　　　　) de la oficina.
　　アンヘルはオフィスで最年長だ。

4) Este año tenemos (　　　　) clases (　　　　) el año pasado.
　　今年は去年より授業数が少ない。

5) Estas habitaciones son (　　　　)(　　　　) cómodas del hotel.
　　これらの部屋はホテルのなかで一番快適だ。

6) Estos papeles son (　　　　)(　　　　) aquellos.
　　これらの紙はあれらより品質が劣る。

7) Yo tomo (　　　　) cerveza (　　　　) mis amigos.
　　私は友人と同じくらいたくさんのビールを飲む。

4 副詞の優等比較級、劣等比較級、同等比較級の文を作りましょう。

例　Este coche corre rápido.　この車は速く走る。
　　優等：Este coche corre (**más**)(**rápido**)(**que**) el mío.
　　　　　この車は私のより走るのが速い。
　　劣等：Mi coche corre (**menos**)(**rápido**)(**que**) este.
　　　　　私の車はこれより走るのが速くない。
　　同等：El coche de Julio corre (**tan**)(**rápido**)(**como**) este.
　　　　　フリオの車はこれと同じくらい走るのが速い。

1) Tu hermano vuelve tarde a casa.　君の兄は帰宅が遅い。
　　優等：Tu hermano vuelve a casa (　　　　)(　　　　)(　　　　) tú.
　　劣等：Tú vuelves a casa (　　　　)(　　　　)(　　　　) tu hermano.
　　同等：Tu padre vuelve a casa (　　　　)(　　　　)(　　　　) tu hermano.

2) Ellos viven cerca.　彼らは近いところに住んでいる。
　　優等：Ellos viven (　　　　)(　　　　)(　　　　) Javier.
　　劣等：Javier vive (　　　　)(　　　　)(　　　　) ellos.
　　同等：Nosotros vivimos (　　　　)(　　　　)(　　　　) ellos.

55

5 < >の動詞と副詞を用いて優等最上級と劣等最上級の文を作りましょう。動詞は活用させること。

> 例 優等： Ana es (la) (que) (corre) (más) (rápido) de la clase.
> 　　　　アナはクラスで一番走るのが速い。　< correr, rápido >
> 　　劣等： José es (el) (que) (corre) (menos) (rápido) de la clase.
> 　　　　ホセはクラスで一番走るのが速くない。

1) 優等： José es (　　) (　　) (　　) (　　) (　　) de todos.
　　　　ホセはみんなのなかで一番ゆっくり話す。　< hablar, despacio >
　　劣等： Ellas son (　　) (　　) (　　) (　　) (　　) de todos.
　　　　彼女たちはみんなのなかで一番ゆっくり話さない。

2) 優等： Vosotros sois (　　) (　　) (　　) (　　) (　　) de los amigos.
　　　　君たちは友だちのなかで一番一所懸命勉強する。　< estudiar, duro >
　　劣等： Tú eres (　　) (　　) (　　) (　　) (　　) de los amigos.
　　　　君は友達のなかで一番一所懸命勉強しない。

6 副詞の比較級、最上級の文を作りましょう。

> 例 Yo salgo de casa (más) temprano (que) mi padre.
> 　　私は父より早く家を出る。

1) Su perro ladra (　　) (　　) el del vecino.
　　彼の犬は隣人のと同じくらいよく吠える。

2) Ella conduce (　　) (　　) su hermano.
　　彼女は弟より運転が下手だ。

3) Este ordenador no funciona (　　) rápido (　　) el tuyo.
　　このコンピューターは君のほど速くは動かない。

4) Tus amigos hablan inglés mucho (　　) (　　) tú.
　　君の友人たちは君よりずっと上手く英語を話す。

5) Teresa come (　　) (　　) sus compañeras.
　　テレサは同僚たちよりたくさん食べる。

6) Este chico es (　　) (　　) trabaja (　　) lejos.
　　この少年は一番遠くで働いている。

7) Yo duermo (　　) (　　) mi marido.
　　私は夫より睡眠時間が短い。

8) Joaquín es (　　) (　　) canta (　　) de todos.
　　ホアキンはみんなのなかで一番歌が下手だ。

¡Un poco más!

1 絶対最上級にしましょう。

例 Este anillo de diamantes es (caro → carísimo).
このダイヤモンドの指輪はとても値が高い。

1) Fátima es (guapa   ).
2) La modelo come (poco   ).
3) Me gusta (mucho   ) esta película española.
4) Estos ejercicios gramaticales son (difícil   ).
5) Esta medicina es (eficaz   ).

2 日本語に訳しましょう。

1) Cuanto más ganas, más malgastas.

2) Mercedes es la más buena de las hermanas.

3) Tanto en la escuela como en casa Julián estudia mucho.

4) A mí me gusta la fruta del tiempo más que nada.

5) Esta chaqueta de cuero cuesta menos de lo que crees.

6) Llueve a cántaros, menos mal que traigo paraguas.

7) Tenemos que llamar al fontanero lo más pronto posible.

3 スペイン語に訳しましょう。

1) この図書館は私たちの図書館の2倍の本 (dos veces más libros) を所蔵している。

2) このスーツケースは20キロ以上の重さがある (pesar)。

3) 私の甥は肉しか (no … más que) 食べない。

4) ボルヘス (Borges) はラテンアメリカで最も著名な (conocido) 作家の一人だ。

5) そのタブラオ (tablao) で彼女は誰よりも上手く (mejor que nadie) 踊る。

第12章 比較

57

¿Repasamos? 3

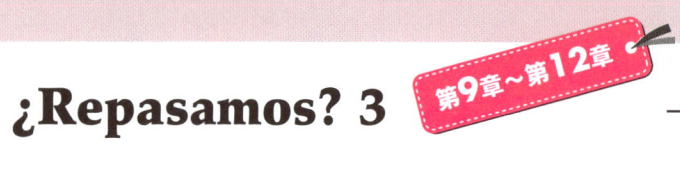

第9章～第12章 → 解答例・解説は P.159

1. 会話を読んで問いに答えましょう。

A: ¿Hay (1)　　　　　) cafetería por aquí? Tengo mucha sed.
B: Por aquí no hay (2)　　　　　), pero conozco una detrás de la iglesia. Allí sirven una tarta muy buena. 3) 私はアップルパイが好きです。 Es cien por cien casera. 〔tarta〕〔100%〕
A: ¿Es rica?
B: Sí, es (4)　　　　　). Para mí, 5) 世界で一番おいしいです。

1) 「どこかカフェテリア」となるように、（　）に不定語を入れましょう。
2) 「ひとつもない」となるように、（　）に否定語を入れましょう。
3) スペイン語に訳しましょう。

4) rica の絶対最上級を入れましょう。
5) スペイン語に訳しましょう。

2. 日本語に訳しましょう。

1) Mi marido se quita la corbata nada más regresar a casa. 〔nada más ＋ 不定詞「～するとすぐに」〕

2) Estoy algo mejor que ayer. 〔「少し、いくばくか」〕

3) Lo más importante para evitar la gripe es lavarse bien las manos.

4) Los rumores se extienden más rápido de lo que piensas.

3. スペイン語に訳しましょう。

1) 私は山より海が好きだ。

2) ダニエルは一日おきにひげを剃る。 〔cada dos días〕

3) 彼らの中の誰もパコほど誠実ではない。 〔ninguno de ellos〕

4) すみません、誰かいますか。

セビーリャの春祭り

「バレンシアの火祭り」、「パンプローナの牛追い祭り」と並ぶスペイン三大祭りの一つと言われる「セビーリャの春祭り」。スペイン語では Feria de Abril と言います。feria とは「見本市」のことです。春祭りの起源は、町の繁栄を目的として行われた1847年の家畜の見本市にさかのぼります。今では、家族や親せき、親しい友人たちが、カセタ caseta と呼ばれるカラフルなテントに集い、そこで食事をしたり、セビーリャの民俗舞踊セビリャーナス sevillanas を踊ったりする、町を挙げての盛大なお祭りとなりました。1000以上のカセタが立ち並び、招待を受ければ中に入ることができます。祭りは約一週間続き、昼にはクラシカルな乗馬服に身を包んだ男性が、華やかな衣装をまとった女性を馬の後ろに乗せて進むパレードがあります。日が暮れると、ポルターダ portada と呼ばれる祭りのメイン会場の入り口がイルミネーションで彩られ、祭りは朝まで続きます。

セビーリャの春祭り

第13章 現在分詞

→ 解答例・解説は P.160

1 不定詞を現在分詞にしましょう。

例 cantar　（ cantando ）　歌う

1) beber　　　（　　　　　）　2) abrir　　　（　　　　　）
3) leer　　　（　　　　　）　4) morir　　　（　　　　　）
5) cerrar　　（　　　　　）　6) seguir　　（　　　　　）
7) levantarse（　　　　　）　8) vestirse　（　　　　　）

2 現在分詞を不定詞にしましょう。

例 bailando　（ bailar ）　踊る

1) viajando　　（　　　　　）　2) escribiendo（　　　　　）
3) repitiendo　（　　　　　）　4) siendo　　　（　　　　　）
5) durmiendo　（　　　　　）　6) yendo　　　（　　　　　）
7) viéndose　　（　　　　　）　8) poniéndose（　　　　　）

3 目的格代名詞がついた不定詞を現在分詞にしましょう。

例 leerlo　（ leyéndolo ）　それを読む

1) comprarlos　（　　　　　）　2) regalarle　（　　　　　）
3) destruirla　（　　　　　）　4) entregármela（　　　　　）
5) pedírselos　（　　　　　）　6) contárnoslo（　　　　　）

4 不定詞を現在分詞にしましょう。

例 Ceno (ver → viendo) la tele.　私はテレビを見ながら夕食をとる。

1) Esperamos el autobús (charlar　　　　　　) con los compañeros.
　 私たちは同僚とおしゃべりをしながらバスを待つ。
2) Gonzalo hace los deberes (escuchar　　　　　　) música.
　 ゴンサロは音楽を聴きながら宿題をする。
3) Yo escribo poemas (pensar　　　　　　) en ti.
　 私は君のことを思いながら詩を書く。
4) Mariana canta (tocar　　　　　　) el piano.
　 マリアナはピアノを弾きながら歌う。
5) El paciente habla (toser　　　　　　).
　 その患者は咳き込みながら話をする。

5 動詞を「estar＋現在分詞（～しているところだ）」の形にしましょう。

> 例 Hablo con mi madre. → (Estoy hablando) con mi madre.
> 私は母と話す。　　　　　　私は母と話をしているところだ。

1) Los chicos escuchan la radio.　　　少年たちはラジオを聴く。
   Los chicos (　　　　　　　　　　) la radio.
2) Llegamos a la estación.　　　私たちは駅に着く。
   (　　　　　　　　　　) a la estación.
3) ¿Qué haces aquí?　　　君はここで何をしますか。
   ¿Qué (　　　　　　　　　) aquí?
4) Llueve a cántaros.　　　土砂降りの雨が降る。
   (　　　　　　　　　) a cántaros.
5) María se viste en su cuarto.　　　マリアは部屋で服を着る。
   María (　　　　　　　　　　) en su cuarto.
6) Mi hermana se pinta las uñas.　　　私の姉はマニキュアを塗る。
   Mi hermana (　　　　　　　　　　) las uñas.
7) Mi nieto me lee el periódico.　　　孫が私に新聞を読んでくれる。
   Mi nieto (　　　　　　　　　　) el periódico.
8) Lo hago yo.　　　私がそれをする。
   (　　　　　　　　　) yo.
9) Se las preparo para su cumpleaños.　　　私は彼の誕生日用にそれらを彼に用意する。
   (　　　　　　　　　　) para su cumpleaños.

6 ＜　＞内の動詞と時や頻度を表す語句を用いて、現在の進行状態を表す文を作りましょう。

> 例 Leo el periódico.　　　私は新聞を読む。　＜estar, ahora　今＞
> Ahora estoy leyendo el periódico.　　　今、私は新聞を読んでいるところだ。

1) Los profesores te buscan. 先生たちは君を探す。 ＜estar, ahora　今＞

2) Ves la televisión. 君はテレビを見る。 ＜seguir, todavía　まだ＞

3) Su salud empeora. 彼の健康状態は悪化する。 ＜ir, poco a poco　少しずつ＞

4) Se lo explico. 私は彼にそのことを説明する。＜venir, desde hace tiempo　ずっと前から＞

5) Se queja del jefe. 彼は上司への不平を言う。 ＜andar, siempre　いつも＞

第13章　現在分詞

7 ＜　＞内の語句を用いて質問に答えましょう。

> 例　¿Quién está duchándose? ＜mi hermano　私の弟＞
> 　　誰がシャワーを浴びていますか。
> 　　– Mi hermano está duchándose.

1) ¿Cuánto tiempo llevas trabajando aquí?　＜cinco meses　5ヶ月＞
   君はここでどれくらい働いていますか。

2) ¿Hasta dónde vais andando?　＜el campo de fútbol　サッカー場＞
   君たちはどこまで歩いて行きますか。

3) ¿Qué sigues leyendo con tanto afán?　　＜una novela de mi escritor
   君はそんなに熱心に何を読み続けているのですか。　　favorito　お気に入りの作家の小説＞

4) ¿Dónde están bañándose los niños?　　＜el río que está cerca del colegio
   子供たちはどこで水浴びをしていますか。　　学校の近くの川＞

5) ¿Desde cuándo vienes investigando este tema?　＜el año pasado　去年＞
   君はいつからこのテーマを研究してきていますか。

8 語句を並べかえて文章を作りましょう。イタリック体の動詞は現在分詞にすること。

> 例　彼は気分が悪いので家に残ります。　［ mareado, en casa, se queda, *estar* ］
> 　　Estando mareado, se queda en casa.

1) この通りを下れば、バスの停留所に着きますよ。
   [esta calle, la parada, *bajar*, autobús, de, llegas a]

2) 司祭は1時間説教をしている。
   [hora, una, *predicar*, lleva, el cura]

3) もし早い時間に出たら、今日私たちは村に到着する。
   [temprano, al pueblo, hoy, llegamos, *salir*]

4) 彼は兄とケンカをすると泣きながら家に入ってくる。
   [cuando, con, casa, su hermano, entra, en, se pelea, *llorar*]

5) 明日は日曜だから、彼は早起きしないだろう。
   [levantarse, domingo, no, temprano, va a, *ser*, mañana]

¡Un poco más!

1 日本語に訳しましょう。

1) Trabajando mucho, puedes comprarte un piso.

2) Desde la ventana podemos ver a los niños jugando en el patio.

3) Teresa siempre acaba convenciendo a sus padres.

4) Voy corriendo, que el tren va a salir dentro de poco.

5) Aun siendo rivales, ellos se respetaban.

6) Ella se queda mirándome.

7) Nuestra madre nos sirve la sopa hirviendo.

8) Me gusta verla preparando la cena.

9) La señora está tiñendo de negro una camiseta blanca.

10) Normalmente empezamos la clase repasando la lección de la semana pasada.

2 現在分詞を使って、スペイン語に訳しましょう。

1) 山では雪が降り続いている (seguir)。

2) もっと勉強すれば、君たちは奨学金 (beca) を得る (conseguir) ことができる。

3) カルメン (Carmen) は音楽を聞きながら (escuchar) 車を運転する。

4) 患者 (paciente) は日に日に (día a día) 回復していく (ir + recuperarse の現在分詞)。

5) 私たちは10年以上（ más de ）この地区 (barrio) に住んでいる (llevar)。

第14章 過去分詞

→ 解答例・解説は P.163

1 不定詞を過去分詞の男性形単数にしましょう。

例 cantar　(cantado)　歌う

1) recibir　(　　　　　)　　2) necesitar　(　　　　　)
3) aparecer　(　　　　　)　　4) ir　(　　　　　)
5) seguir　(　　　　　)　　6) ser　(　　　　　)
7) decir　(　　　　　)　　8) abrir　(　　　　　)
9) ver　(　　　　　)　　10) hacer　(　　　　　)
11) descubrir　(　　　　　)　　12) imprimir　(　　　　　)

2 不定詞を過去分詞にしましょう。

例 La ventana está (abrir → abierta)　窓は開いている。

1) El año (pasar　　　　　) fuimos a Londres.
去年私たちはロンドンへ行った。

2) Todos los muebles están (cubrir　　　　　) de polvo.
すべての家具はほこりで覆われている。

3) Esta pareja recién (casar　　　　　) va de luna de miel.
この新婚カップルは新婚旅行へ行く。

4) Vamos a comprar unas patatas (freír　　　　　).
フライドポテトを買いましょう。

5) Las puertas siguen (cerrar　　　　　).
ドアは閉まったままだ。

3 動詞を現在完了に活用させましょう。

例 tomar　(tú　　has tomado　)　取る

1) escuchar　(ellos　　　　　)
2) conceder　(yo　　　　　)
3) distinguir　(vosotros　　　　　)
4) caer　(tú　　　　　)
5) resolver　(ellas　　　　　)
6) suscribir　(usted　　　　　)
7) peinarse　(nosotros　　　　　)
8) vestirse　(yo　　　　　)

4 動詞を現在完了に活用させましょう。

例 Yo (comer → he comido) con mi novia.　僕は恋人と食事をした。

1) ¿Vosotros (estar　　　　　　　) en Granada?
   君たちはグラナダに行ったことがありますか。

2) Tú (ahorrar　　　　　　　) hasta ahora para comprar un piso.
   君はマンションを買うために今まで貯金をしてきた。

3) No lo conocemos, es que nunca (hablar　　　　　　　) con él.
   私たちは彼のことを知らない、というのは一度も彼と話したことがないからだ。

4) Este invierno (nevar　　　　　　　) mucho aquí.
   この冬ここは雪がたくさん降った。

5) Juan nunca (maldecir　　　　　　　) de sus compañeros.
   フアンは決して同僚のことを悪く言わなかった。

6) ¿Quién (romper　　　　　　　) el florero?
   誰が花びんを割ったのですか。

7) (Hacer　　　　　　　) calor esta noche. Yo no (poder　　　　　　　) dormir en toda la noche.
   昨晩はとても暑かった。私は一晩中眠れなかった。

8) Juan, ¿tú (lavarse　　　　　　　) ya las manos?
   フアン、もう手を洗いましたか。

9) Mis vecinos (quejarse　　　　　　　) del ruido de la calle.
   隣人たちは通りの騒音に文句を言っていた。

5 下線部を現在完了に活用させましょう。

例 Yo tomo un café.　→　(　　he tomado　　)
　私はコーヒーを飲む。　　　　　　飲んだ

1) Las señoras charlan en la terraza. (　　　　　　　)
   女性たちはテラスでおしゃべりをする。

2) Hoy me corto el pelo. (　　　　　　　)
   今日私は髪を切る。

3) ¿Escribís el informe del congreso? (　　　　　　　)
   君たちは会議の報告書を書きますか。

4) Juan no me devuelve el paraguas. (　　　　　　　)
   フアンは傘を私に返してくれない。

5) Nunca vemos la película de acción. (　　　　　　　)
   私たちは決してアクション映画を観ない。

第14章 過去分詞

6 ser受身に書きかえましょう。

> 例 Mi padre prepara la paella. → La paella es preparada por mi padre.
> 私の父はパエリャを用意する。　パエリャは私の父によって用意される。

1) El alcalde firma los documentos.
   市長は書類に署名する。

2) Mi tío escribió este artículo de periódico.
   おじはこの新聞記事を書いた。

3) El pueblo español mantendrá las fiestas tradicionales.
   スペイン国民は伝統的な祭りを維持するだろう。

7 動詞を過去分詞にしましょう。

> 例 Vi a Juan (parar → parado) en el paso de peatones.
> 私はフアンが横断歩道で立ち止まっているのを見た。

1) Veo (sentar　　　　　　) a los ancianos en el banco del parque.
   老人たちが公園のベンチに座っているのが見える。

2) Mi hermano deja (poner　　　　　　) la radio toda la noche.
   私の兄は一晩中ラジオをつけっぱなしにしている。

3) Las dos hermanas se sintieron (abandonar　　　　　　) por su familia.
   二人の姉妹は家族から見捨てられたと感じた。

8 語句を並べかえて文章を作りましょう。

> 例 図書館で大きな声で話すことは禁じられている。
> [hablar, en voz alta, la biblioteca, está prohibido, en]
> En la biblioteca está prohibido hablar en voz alta.

1) 作業員たちは疲れきって作業場から出てきた。
   [del, han salido, los obreros, fatigados, taller]

2) 私はもう招待状を20通書いてある。
   [las veinte, ya, tengo escritas, invitaciones]

3) 今月アストゥリアスでは雨が降り止んでいない。
   [no, Asturias, este mes, ha parado de, en, llover]

¡Un poco más!

1 過去分詞を入れて、原因、時、様態、条件、譲歩を表す分詞構文を作りましょう。

例 (Cerrar → Cerradas) las cortinas, Juana encendió la luz.
カーテンを閉めてフアナは明かりをつけた。

1) Me espera Lola (apoyar　　　　　　　) la cara en las manos.
ロラは頬づえをついて私を待っている。

2) (Talar　　　　　　　) los árboles, este jardín no perdería ningún encanto.　木を切ったとしても、この庭は魅力をなくさないだろう。

3) Una vez (determinar　　　　　　　) el tema, puedes buscar libros por Internet.　一度テーマを決めたら、インターネットで本を探せますよ。

4) Su esposa, (herir　　　　　　　) en el accidente, estará en el hospital.
事故で怪我をしたので、彼の妻は病院にいるだろう。

5) (Acostumbrar　　　　　　　) a la vida de España, los alumnos pueden concentrarse en sus estudios.
スペインの生活に慣れれば、学生たちは勉強に集中できる。

2 日本語に訳しましょう。

1) Se me ha olvidado traer todos los libros de texto.

2) Han rescatado a muchos inmigrantes en la costa de África.

3) *Las Mil y una noches* es una de las obras maestras más leídas del mundo.

4) ¿De quién es esta bufanda hecha a mano?

3 過去分詞を使って、スペイン語に訳しましょう。

1) 朝、イネスは寝ぼけ半分で (medio dormida) 身支度をする (prepararse)。

2) 池 (el estanque) は落ち葉 (hojas caídas) で一杯だ (estar lleno de)。

3) 私たちは初めて (por primera vez) チリワインを試した。

4) 食事の後、その赤ちゃんはいつも眠ってしまう (quedarse dormido)。

第15章 不定詞、知覚・使役・放任の動詞

→ 解答例・解説はP.165

1 直説法現在1人称単数 yo に活用した動詞を不定詞にしましょう。

例 hablo （ hablar ） me lavo （ lavarse ）

1) digo （　　　　　） 2) almuerzo （　　　　　）
3) visto （　　　　　） 4) sueño （　　　　　）
5) voy （　　　　　） 6) conduzco （　　　　　）
7) me levanto （　　　　　） 8) me siento （　　　　　）

2 不定詞を選択肢から選んで入れましょう。

[aprender, jugar, pasar, pasear, sacar, volver]

例 Voy a (jugar) al tenis con él mañana.　明日は彼とテニスをするつもりです。

1) (　　　　　) es bueno para la salud.　散歩をすることは健康によい。
2) Ellos desean (　　　　　) las vacaciones en Cancún.
　彼らはカンクンで休暇を過ごしたがっています。
3) El árabe me es imposible de (　　　　　).
　アラビア語は私には習得不可能です。
4) Al (　　　　　) a casa se lava las manos primero.
　彼は帰宅するとまず手を洗います。
5) Estudio mucho para (　　　　　) buenas notas.
　私は良い成績を取るためにたくさん勉強します。

3 不定詞を含む文を日本語に訳しましょう。

例 Debes respetar a los ancianos.　君はお年寄りを敬うべきだ。

1) Es importante descansar a veces.

2) Hay que tener mucho cuidado con los coches.

3) Voy a decirle la verdad ahora mismo.

4) Estoy harta de discutir contigo.

5) A pesar de llevar seis meses en Perú, John no habla español muy bien.

4 直説法現在1人称単数 yo に活用した動詞を、「haber＋過去分詞」の完了の形にしましょう。

例 hablo　（　haber hablado　）　me lavo　（　haberse lavado　）

1) quiero　（　　　　　） 2) construyo（　　　　　）
3) pido　　（　　　　　） 4) agradezco（　　　　　）
5) escribo （　　　　　） 6) huelo　　（　　　　　）
7) me afeito（　　　　　） 8) me duermo（　　　　　）

5 不定詞を「haber＋過去分詞」の完了の形にしましょう。

例 Quiero daros las gracias por (ayudar → haber ayudado) a mi hija.
私は君たちに、娘を助けてもらったお礼を言いたい。

1) ¿Te acuerdas de (ver　　　　　　　　　　) este paisaje antes?
君は以前この景色を見たことを覚えているかい。

2) Para mí es un gran placer (recibirlo　　　　　　　　　) a usted.
あなたをお迎えできたことは、私にとって大きな喜びです。

3) Estoy muy contento de (terminar　　　　　　　　　) todos los deberes.　宿題が全部終わって私はとても嬉しい。

4) Debemos (hacerlo　　　　　　　　　) muy bien.
私たちは、とてもうまくそれをしたはずだ。

5) ¿Reconocéis (comportarse　　　　　　　　　　) mal?
君たちは態度が悪かったことを認めますか。

6 語句を並べ替えて文章を作りましょう。

例 昨日は来てくれてありがとう。　[por, haber, ayer, gracias, venido]
Gracias por haber venido ayer.

1) 私は罪を犯したことを悔やんでいる。
[un delito, me arrepiento, haber, de, cometido]

2) あなた方と旅行をして彼女は喜んでいる。
[ustedes, viajado, con, de, se alegra, haber]

3) 先日は遅れてしまって大変申し訳ありません。
[siento, tarde, el otro día, haber, mucho, llegado]

4) 彼らはもうホテルを出たはずだ。
[hotel, deben, del, ya, haber, salido]

7 下線の知覚「〜が…するのを見る、聞く」、使役「〜に…させる」、放任「〜を…させておく」の動詞に注意して、日本語に訳しましょう。

> 例 Los niños miran a su madre cocinar.　　子供たちは母親が料理をするのを見る。

1) El tío me hace reír.

2) Vamos a dejar a los niños jugar.

3) Estoy contemplando a la gente cruzando la calle.

4) Vi a Julio paseando al perro en el parque.

5) Oí a María charlar con sus primos.

8 下線部を目的格代名詞に変えて書きかえましょう。

> 例 Vi a Pedro nadar.　　　　　→ Lo vi nadar.
> 　　私はペドロが泳ぐのを見た。　　　私は彼が泳ぐのを見た。

1) He oído a la vecina gritar en la calle.
   私は近所の人が通りで叫ぶのを聞いた。

2) He hecho esperar a mi esposo dos horas.
   私は夫を2時間待たせた。

3) Voy a dejar a la niña dormida.
   私はその女の子を眠らせておくつもりだ。

9 スペイン語文の間違いを正しましょう。

> 例 Me gusta ver tú bailar.　　私は君が踊るのを見るのが好きだ。
> 　　✗ ver tú → ○ verte

1) He sentido el niño temblando.　　私は子どもが震えているのを感じた。

2) ¿Me dejas voy al cine esta noche?　　今晩私を映画に行かせてくれますか。

3) El director observa los entrenarse.　　監督は彼らがトレーニングするのを見守る。

¡Un poco más!

1 必要があれば、不定詞を適切な形に活用させましょう。

例 Lamento no (poder → haber podido) acompañarte anoche.
昨日は一緒に行けなくて残念だ。

1) Los documentos están por (imprimir   ).
   それらの書類はこれから印刷するところです。

2) Lamento no (verte   ) ayer.
   昨日は君に会えなくて残念だ。

3) Al regresar han encontrado toda la casa (revolver   ).
   戻ってみると、家中が荒らされていた。

4) ¿Puedes dejar (encender   ) el ordenador?
   パソコンの電源を入れたままにしておいてくれますか。

5) Después del escándalo el actor no se deja (ver   ) en público.
   スキャンダルの後、その俳優はおおやけの場に姿を見せない。

2 日本語に訳しましょう。

1) La película me hizo reflexionar sobre la situación actual de este país.

2) Mi novio me ha dejado plantada. No voy a perdonarlo.

3) No la vi marcharse con mis propios ojos.

4) Parece que el perro siente a su amo acercándose.

3 スペイン語に訳しましょう。

1) 食事をするとき (al + 不定詞)、私たちはテレビを消します (apagar)。

2) 未成年 (los menores) を夜に働かせるのは違法 (ilegal) だ。

3) 君が彼女の悪口を言う (hablar mal de) のを私は聞き (oír) たくない。

4) その子どもたちの大半 (la mayoría de) は読み書きができる。

第15章 不定詞、知覚・使役・放任の動詞

第16章 無人称文

→ 解答例・解説はP.167

1 動詞を活用させましょう。

例 (Hacer → Hace) calor hoy. 　今日は暑い。

1) Cada día (amanecer　　　　　) más temprano.
   日々夜明けが早くなる。
2) Nunca (nevar　　　　　) en esta isla.
   この島では決して雪が降らない。
3) ¿Qué tiempo (hacer　　　　　) hoy?
   今日はどんな天気ですか。
4) ¿Ya (dejar　　　　　) de llover?
   もう雨は止みましたか。
5) Hoy (estar　　　　　) despejado y no (haber　　　　　) ni una nube.
   今日は晴れ渡っていて、雲ひとつない。
6) (Empezar　　　　　) a tronar fuerte. Debe de estar cerca la tormenta.
   大きな雷が鳴り始めた。嵐が近いに違いない。
7) Esta mañana (hacer　　　　　) muchísimo frío.
   今朝はとても寒かった。
8) Aquí no (llover　　　　　) mucho en primavera.
   ここでは春にあまり雨が降らない。
9) (Haber　　　　　) mucha humedad en la temporada de lluvias.
   雨期はとても湿度が高い。
10) En España (anochecer　　　　　) alrededor de las diez en verano.
    スペインの夏は10時ごろに日が暮れる。

2 時間を答えましょう。

例 ¿Qué hora es ahora?　　– Son las diez.
　 今何時ですか。　　　　　　10時です。

1) 6時です。　　　　　　(　　　　　　　　　　　　　　　　)
2) 3時ちょうどです。　　(　　　　　　　　　　　　　　　　)
3) 1時15分です。　　　 (　　　　　　　　　　　　　　　　)
4) 8時20分です。　　　 (　　　　　　　　　　　　　　　　)
5) 1時5分前です。　　　(　　　　　　　　　　　　　　　　)
6) 5時15分前です。　　 (　　　　　　　　　　　　　　　　)
7) 午前7時半です。　　　(　　　　　　　　　　　　　　　　)
8) 午後4時10分です。　 (　　　　　　　　　　　　　　　　)

3 hacer を使った2つの文に書きかえましょう。

> 例 Vivimos aquí tres años. → Hace tres años que vivimos aquí.
> 私たちは3年間ここに住んでいる。　私たちはここに住んで3年になる。
> → Vivimos aquí desde hace tres años.
> 私たちは3年前からここに住んでいる。

1) Trabajas en esta oficina diez años.
   君は10年間このオフィスで働いている。
   Hace _____
   Trabajas _____

2) No veo a mi hijo durante un mes.
   私は1ヶ月息子に会っていない。
   Hace _____
   No veo _____

3) Las señoras charlan más de dos horas en el café.
   女性たちは2時間以上カフェでおしゃべりをしている。
   Hace _____
   Las señoras _____

4 動詞を活用させましょう。

> 例 Todavía (ser → es) temprano.　まだ早い。

1) Ya (estar　　　　　) en primavera.
   もう春だ。

2) Niños, ya (ser　　　　　) hora de dormir.
   子供たち、もう寝る時間だよ。

3) ¡Ya me voy! (Hacerse　　　　　) tarde.
   もう行くね、遅くなってしまうから。

4) ¿A cuántos (estar　　　　　) hoy?
   今日は何月何日ですか。

5) Aquí (tener　　　　　) un clima templado.
   ここは気候が穏やかだ。

6) Hoy (ser　　　　　) el viernes 14 de febrero.
   今日は2月14日金曜日だ。

7) Nos conocimos en Londres (hacer　　　　　) cinco años.
   5年前私たちはロンドンで知り合った。

8) ¿Qué día (ser　　　　　) mañana?
   明日は何曜日ですか。

5 動詞を活用させましょう。

> 例 (Haber → Hay) dos conciertos hoy.　今日はコンサートが２つある。

1) (Oler　　　　　　　) a tabaco en este vagón.
   この車両はタバコのにおいがする。
2) Me (bastar　　　　　　) con vivir en paz en este pueblo.
   私はこの村で穏やかに暮らせれば十分だ。
3) Los fines de semana (soler　　　　　　) haber atascos en la autopista.
   週末の高速道路はいつも渋滞が起こる。
4) Ya (dar　　　　　) las doce.　もう12時の鐘が鳴った。
5) (Haber　　　　　　) que trabajar para vivir.
   生きるために働かなくてはならない。

6 動詞を se + 3人称単数にして、無人称文を作りましょう。

> 例 En este restaurante (　comer → se come　) bien.　このレストランは美味しい。

1) ¿Por dónde (ir　　　　　　) al Museo de Picasso?
   ピカソ美術館へはどこを通って行きますか。
2) (Desayunar　　　　　　　　) temprano en este monasterio.
   この修道院では早い時間に朝食を取る。
3) En el campo (vivir　　　　　　) mejor que en la ciudad.
   都会より田舎の方が生活しやすい。
4) ¿(Poder　　　　　　)? -Sí, adelante.
   よろしいですか。　―はい、お入りください。
5) ¿Cuánto tiempo (tardar　　　　　　) de aquí a la estación?
   ここから駅までどれくらい時間がかかりますか。

7 動詞を3人称複数にして、無人称文を作りましょう。

> 例 ¿Te (　pagar → pagan　) bien en esta compañía?
> この会社での君の給料はいいですか？

1) (Llamar　　　　　　) a la puerta. ¿Quién será?
   ドアがノックされている。誰だろう？
2) A mi madre le (robar　　　　　　) la cartera hoy.
   今日母は財布を盗まれた。
3) Ahora (poner　　　　　　) una película interesante en aquel cine.
   今あの映画館でおもしろい映画が上映されている。
4) Si (preguntar　　　　　　) por mí, dile que no volveré a la oficina hoy.
   私のことを尋ねられたら、今日はオフィスに戻らないと言ってください。
5) (Terminar　　　　　　) de construir este edificio este mes.
   このビルの建築は今月終わる。

¡Un poco más!

1 2つのうち適当な動詞を選びましょう。

例 Desde el mirador (se ve / ven) toda la ciudad.　展望台から町全体が見える。

1) (Se dice / Dicen) en el pronóstico del tiempo que está acercándose un tifón.
台風が近づいていると天気予報で言っている。

2) (Se debe / Deben) respetar a los ancianos.
老人を敬わなければならない。

3) (Han / Hay) dos cafeterías en aquella esquina.
あの角にカフェテリアが２つある。

4) Me (se puso / pusieron) una multa por exceso de velocidad.
私はスピード違反で罰金を科せられた。

5) Señor Pérez, le (se ha llamado / han llamado) por teléfono.
ペレスさん、電話がかかってきましたよ。

2 日本語に訳しましょう。

1) Me han dicho que hay una manifestación esta tarde.

2) En el camino a casa fue haciéndose de noche.

3) En Nueva York ahora es de día.

4) Uno tiene sus secretos.

5) En España siempre me toman por chino.

3 スペイン語に訳しましょう。

1) スペイン語で「ありがとう」はどう言いますか。(decir の se ＋ 3人称単数)

2) パーティーに招待されると (invitar 3人称複数)、いつも彼は妻と出かける。

3) 雨のときは用心して (con precaución) 運転しなければならない (hay que)。

4) 山の冷たい (helado) 風のため (debido a)、ここでは雪がたくさん降っている。

第16章　無人称文

75

¿Repasamos? 4

第13章〜第16章
→ 解答例・解説は P.169

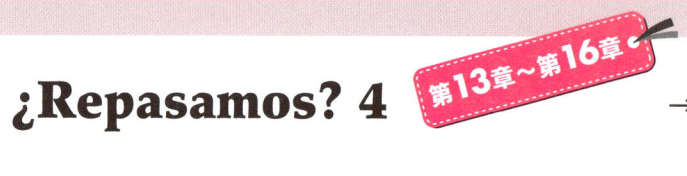

1. 1) から 5) の番号を並べ替えて、マリアの手紙を完成させましょう。

(　　) → (　　) → (　　) → (　　) → (　　)

　　Querida amiga Elena:

1) Mi madre también se ha quedado conmigo. Hace tres meses tuvo un infarto, pero ahora está mucho mejor. Siempre pregunta por ti.

2) ¿Te ha gustado la ciudad? ¿Has ido a algún sitio fuera de Málaga?

3) ¡Hola! ¿Qué tal? Llevo mucho tiempo sin recibir noticias tuyas. ¿Qué tal las vacaciones en Málaga?

4) Bueno, amiga, espero pronto tu respuesta.

5) Aquí las cosas siguen igual. Yo he estado casi todo el verano en Madrid.

　　Un abrazo,
　　María

2. 日本語に訳しましょう。

1) Me gusta leer novelas tomando té en la terraza.

2) Hemos oído a alguien sollozando en el sótano. 〔sollozar「すすり泣く」〕

3) Te van a poner una multa, si corres demasiado rápido.

4) ¿Te he hecho esperar mucho?

3. スペイン語に訳しましょう。

1) この道は駐車できません。 〔aparcar (el coche)〕

2) 私は君たちをこれ以上働かせたくない。 〔使役 hacer を使って〕

3) 彼の申込書はまだ準備されていません。 〔solicitud〕

4) 私たちは君がそんな馬鹿なことをしているのを見たくない。 〔esas tonterías〕

マヤ文字

　精密な暦や、高度な建築技術を持っていたことで知られるマヤ文明。マヤ文明は、現在のメキシコ、ベリーズ、グアテマラ、ホンジュラス、エルサルバドル一帯で発展しました。マヤの人々の卓越した知識と技術は、独創的な文字体系にも見ることができます。

　マヤ文字は、文明の絶頂期である3世紀から10世紀にかけて使われていました。人物や動物、幾何的な模様が組み合わさって四角いマスにすっぽりと収まっている様子はとても神秘的で、ときにユーモラスでもあります。日本語のひらがなやカタカナのように音を表すだけの表音文字と、漢字のように意味も表すことができる表意文字の二つの体系を持っています。日本語とマヤ語、意外なところにおもしろい共通点があります。

マヤ文字のアルファベット対応表

第17章 直説法点過去

→ 解答例・解説は P.170

1 動詞を直説法点過去に活用させましょう。

例 cantar （yo canté ） 歌う

1) escribir （nosotros ）   2) subir （tú ）
3) jugar （vosotros ）   4) volver （ellos ）
5) partir （ella ）   6) buscar （yo ）
7) almorzar （él ）   8) creer （tú ）
9) oír （ustedes ）   10) llegar （nosotros ）
11) contar （él ）   12) empezar （yo ）
13) pegar （yo ）   14) huir （vosotros ）
15) lavarse （tú ）   16) meterse （usted ）

2 動詞を直説法点過去に活用させましょう。

例 Yo (comprar → compré) dos kilos de limones.　私はレモンを２キロ買った。

1) Vosotros (estudiar　　　　) inglés seis años.
   君たちは６年間英語を勉強した。
2) Yo (vivir　　　　) tres meses en esta ciudad.
   私はこの市に３ヶ月住んだ。
3) (Regresar　　　　) a su tierra natal hace un mes.
   彼は１ヶ月前に生まれ故郷に戻った。
4) ¿Os (gustar　　　　) la película?
   君たちはその映画が気に入ったかい。
5) Elena (caer　　　　) enferma hace poco.
   エレナは少し前に病気になった。
6) Ayer yo (fregar　　　　) el suelo.
   昨日私は床の水拭きをした。
7) Nuestros parientes nos (visitar　　　　) el sábado.
   土曜日に親せきが私たちを訪ねてきた。
8) (Sentarse　　　　) delante del ordenador.
   私たちはパソコンの前に座った。
9) Ayer (levantarse　　　　) temprano.
   昨日私は早く起きた。
10) Aquel día ellos (acostarse　　　　) muy tarde.
    あの日彼らはとても遅くに寝た。

3 動詞を直説法点過去に活用させましょう。

例 poner 置く、着せる （ tú   pusiste   ）

1) dormir   (él   )   2) andar   (nosotros   )
3) querer   (tú   )   4) poder   (vosotros   )
5) ser   (yo   )   6) satisfacer(ella   )
7) conducir (usted   )   8) estar   (él   )
9) saber   (tú   )   10) hacerse   (ustedes   )

4 動詞を直説法点過去に活用させましょう。

例 El profesor no nos (decir → dijo) nada.　先生は私たちに何も言わなかった。

1) Juan (tener   ) que dejar de trabajar.
   フアンは仕事をやめなければならなかった。
2) Nosotros no le (dar   ) nada.
   私たちは彼に何もあげなかった。
3) Ellos (irse   ) sin decirnos nada.
   彼らは私たちに何も言わずに立ち去った。
4) ¿Qué me (traer   ) tú?
   君は私に何を持ってきてくれたの。
5) Claudia (ponerse   ) pálida cuando (ver   ) a Sergio.
   クラウディアはセルヒオを見ると青ざめた。

5 ＜　＞内の時を表す語句を付けて、直説法点過去の文にしましょう。

例 Yo pido un café.　　私はコーヒーを注文する。　＜ayer　昨日＞
　 Yo pedí un café ayer.　昨日私はコーヒーを注文した。

1) Es el secretario de don Gregorio.　彼はグレゴリオ氏の秘書です。
   ＜por dos años　2年間＞

2) ¿Dónde pones la maleta?　君はどこにスーツケースを置きますか。
   ＜cuando llegaste al hotel　ホテルに着いたとき＞

3) Te decimos la verdad.　私たちは君に真実を言う。
   ＜anoche　昨夜＞

4) Hay dos incendios cerca de aquí.　この近くで2件の火事がある。
   ＜anteayer　一昨日＞

第17章 直説法点過去

79

6 ＜　＞内の語句を用いて質問に答えましょう。

> 例 ¿A qué hora comenzó la conferencia?　講演は何時に始まりましたか。
> ＜a las diez en punto　10時ちょうど＞
> – La conferencia comenzó a las diez en punto.

1) ¿Cuántas horas dormiste?　君は何時間眠りましたか。
 ＜ocho horas　8時間＞

2) ¿Qué pidió Ud.?　あなたは何を注文しましたか。
 ＜una ensalada mixta　ミックスサラダ＞

3) ¿Quién pagó la cuenta?　誰が勘定を払いましたか。
 ＜el director　部長＞

4) ¿Dónde se casaron?　彼らはどこで結婚しましたか。
 ＜en su parroquia　彼らの教区教会＞

5) ¿Cuándo te tocó la lotería?　君はいつ宝くじが当たりましたか。
 ＜hace un par de días　2、3日前＞

7 語句を並べかえて文章を作りましょう。イタリック体の動詞は直説法点過去に活用させること。

> 例 旅行者たちはその路地から来ました。[por, los turistas, la callejuela, *venir*]
> Los turistas vinieron por la callejuela.

1) 私の祖父は2012年に85歳で亡くなった。
 [ochenta y cinco, en 2012, mi abuelo, *morir*, a los, años]

2) パウラはテラス席に座ってコーヒーを注文した。
 [Paula, un café, *sentarse*, la terraza, en, y, *pedir*]

3) おととい君たちは交通渋滞ために電車に乗り遅れた。
 [un atasco, el tren, por, *perder*, anteayer]

4) 彼の畑はよい収穫高をあげた。
 [buenas, sus, cosechas, campos, *producir*]

5) あの日君は間違っていたが、そのことを認めたがらなかった。
 [pero, *querer*, aquel día, *equivocarse*, reconocerlo, no]

¡Un poco más!

1 動詞を選択肢から選び、直説法点過去に活用させましょう。重複不可。

[conseguir, echar, imponer, mantener, realizar, servir]

> 例　En aquel restaurante (sirvieron) cinco camareros.
> あのレストランでは5人のウェイターが給仕をした。

1) El año pasado el primer ministro (　　　　) una visita oficial a Brasil.
2) Él (　　　　) superar su depresión con la ayuda de su novia.
3) Yo (　　　　) una ojeada a los titulares del periódico.
4) El profesor (　　　　) silencio antes de empezar a hablar.
5) ¿Tú (　　　　) con tu sueldo a toda la familia?

2 日本語に訳しましょう。

1) Tú no sabes lo mucho que estuve enamorado de Blanca.

2) El museo permaneció cerrado diez días por la restauración de su fachada.

3) El partido de fútbol entre España y Alemania terminó con empate a uno.

4) Ellos riñeron por cuestiones económicas y pasaron mucho tiempo sin dirigirse la palabra.

5) Hace dos días me enteré de la noticia del robo y aún tengo miedo.

3 スペイン語に訳しましょう。

1) 先週の日曜日、私たちはペルー料理 (comida peruana) のレストランに行った。

2) どうして君たちはおととい (anteayer) ここに来なかったのですか。

3) グスタボは村の医者になった (hacerse)。

4) デモ (la manifestación) は公権力 (la fuerza pública) によって解散 (disolver) させられた。(ser 受身を用いて)

5) 私は彼らに環境問題 (el problema ecológico)の説明をしたが、理解してもらえなかった。

第17章 直説法点過去

第18章 直説法線過去

→ 解答例・解説はP.172

1 動詞を直説法線過去に活用させましょう。

例 hablar　(yo　　hablaba　)　話す

1) estar　　(ella　　　　　　)
2) recibir　(tú　　　　　　　)
3) deber　　(vosotros　　　　)
4) nadar　　(usted　　　　　　)
5) preferir (él　　　　　　　)
6) poder　　(nosotros　　　　)
7) ver　　　(yo　　　　　　　)
8) ser　　　(ustedes　　　　)
9) ir　　　 (nosotros　　　　)
10) llamarse (él　　　　　　　)
11) lavarse　(vosotros　　　)
12) divertirse (ellas　　　　)

2 動詞を直説法線過去に活用させましょう。

例 Yo (leer → leía) libros en la biblioteca.　私は図書館で読書したものだった。

1) Los domingos yo (ir　　　　　　) a misa con mi familia.
日曜日は、私は家族とミサに行ったものだった。

2) Entonces no (haber　　　　　　) ni cine ni televisión.
そのころは映画もテレビもなかった。

3) Tú (tener　　　　　　) dieciocho años cuando te casaste, ¿verdad?
君は結婚したとき、18歳だったよね。

4) ¿A qué (jugar　　　　　　) vosotros cuando erais pequeños?
小さいころ、君たちは何をして遊んでいましたか。

5) Mientras yo (preparar　　　　　　) la comida, mis hijas
(limpiar　　　　　　) sus habitaciones.
私が食事の準備をしている間、娘たちは部屋の掃除をしていた。

6) (Ser　　　　　　) las diez de la noche cuando llegué a casa.
私が家に着いたとき、夜の10時だった。

7) No me (apetecer　　　　　　) ir al cine, es que me (doler　　　　　　)
un poco la cabeza.
私は映画に行きたくなかった、というのは少し頭が痛かったからだ。

8) De jóvenes, nos (gustar　　　　　　) viajar con la mochila.
若いころ、私たちはリュックを背負って旅をすることが好きだった。

9) Todo el día (soplar　　　　　　) una brisa agradable.
一日中心地よい風が吹いていた。

10) Nosotros (soler　　　　　　) pasear por las tardes.
私たちは午後に散歩をしたものだった。

3 直接話法を間接話法に書きかえましょう。

> 例 Carlos me dijo: "Estudio en la biblioteca."
> カルロスは「僕は図書館で勉強する」と言った。
> → Carlos me dijo que estudiaba en la biblioteca.
> カルロスは図書館で勉強すると言った。

1) Ellos dijeron: "Participamos en un concurso de coros".
   彼らは「僕たちは合唱コンクールに参加する」と言った。

2) Luis me preguntó: "¿Quieres cenar conmigo?"
   ルイスは私に「私と一緒に夕食を食べませんか」と尋ねた。

3) Carmen le preguntó a su amigo: "¿A dónde vas?"
   カルメンは友だちに「どこへ行くの」と尋ねた。

4 動詞を直説法線過去にして、婉曲表現にしましょう。

> 例 Yo (querer → quería) acompañar a mi padre.　父に付き添いたいのですが。

1) Perdón, ¿qué me (decir　　　　　) usted?
   すみません、何とおっしゃいましたか。

2) Tú (deber　　　　　) estudiar más, Felipe.
   君はもっと勉強すべきじゃないのかな、フェリペ。

3) Buenas tardes, señores, ¿qué (desea　　　　　　) ustedes?
   いらっしゃいませ、何にいたしましょうか。

5 直説法線過去と直説法点過去の違いに気をつけて、日本語に訳しましょう。

> 例 a. Iban a la playa todos los veranos.　彼らは毎年夏にビーチへ行ったものだった。
> 　　b. Fueron a la playa el verano pasado.　彼らは去年の夏ビーチへ行った。

1) a. Estudiábamos inglés con un profesor australiano.

   b. Estudiamos inglés tres años.

2) a. Me gustaba ir al teatro.

   b. Me gustó la obra de teatro de ayer.

6 動詞を直説法線過去か、直説法点過去に活用させましょう。

例 Cuando (ir → fui) a la taquilla, ya no (quedar → quedaba) ni una entrada.
私が窓口へ行ったとき、もう入場券は1枚も残っていなかった。

1) Ahora hay un centro comercial donde antes (haber　　　　　) un parque.
以前公園があったところに、今はショッピングセンターがある。

2) Ayer nosotros (hacer　　　　　) footing escuchando música.
昨日私たちは音楽を聴きながらジョギングをした。

3) Isabel dijo a sus padres que (ir　　　　　) a volver dentro de poco.
イサベルは両親にすぐに戻ってくると言った。

4) Por favor, yo (querer　　　　　) hablar con el Sr. Muñoz.
すみません、ムニョスさんとお話がしたいのですが。

5) Voy a regalarte una muñeca que yo (comprar　　　　　) en Francia.
私がフランスで買った人形を君にプレゼントするよ。

6) El director (decir　　　　　) que (estar　　　　　) preparando la próxima presentación.
ディレクターは次のプレゼンテーションの準備をしていると言った。

7) Como ellos (tener　　　　　) muchos temas por discutir, el líder del grupo (planear　　　　　) una reunión extra.
彼らには議論するテーマがたくさんあったので、グループリーダーは臨時会議を計画した。

8) Cuando nosotros (ver　　　　　) la película en la televisión, de repente (sonar　　　　　) el teléfono, pero nadie (querer　　　　　) cogerlo.
私たちがテレビで映画を見ていたとき、突然電話が鳴ったが、誰も取りたがらなかった。

9) Ayer, mientras el profesor nos (estar　　　　　) explicando un problema de matemáticas, (entrar　　　　　) un gato al aula y nosotros (sorprenderse　　　　　) mucho.
昨日、先生が数学の問題を説明しているときに猫が教室に入ってきて、私たちはとても驚いた。

10) Nosotros (levantarse　　　　　) siempre temprano y (desayunar　　　　　) todos juntos, pero aquella mañana yo (quedarse　　　　　) un poco más en la cama y (tomar　　　　　) café con leche a solas.
私たちはいつも早く起きて、みんなで一緒に朝食を食べたものだった。しかし、あの朝私は少し遅くまでベッドにいて、一人でカフェオレを飲んだ。

¡Un poco más!

1 語句を並べかえて文章を作りましょう。イタリック体の動詞は直説法線過去に活用させること。

例 私が家を出たとき、もう雨は降っていなかった。[salí, no *llover*, cuando, de casa, ya]
Cuando salí de casa, ya no llovía.

1) スサナは毎朝ラジオを聞いていた。
[*escuchar*, Susana, todas las mañanas, la radio]

2) 当時、このあたりには少ししか家がなかった。
[por, *haber*, entonces, pocas casas, aquí]

3) 友だちと電話をしていたとき、ビクトルが私を訪ねてきた。
[mi amigo, vino, a, cuando, por teléfono, visitarme, *hablar*, Víctor, con]

2 日本語に訳しましょう。

1) Él no pudo evitar el accidente porque las calles eran muy estrechas.

2) Ayer les mandé los libros por correo a mis hijos, puesto que los necesitaban en el curso.

3) Cuando éramos niños íbamos muchas veces a Jaca, a casa de nuestros tíos. Era una casa grandísima, de tres pisos; abajo tenía un taller porque nuestro tío era carpintero.

3 スペイン語に訳しましょう。

1) スペイン映画が封切られる (ir a estrenarse) とマリアが私に言った。

2) 母親は息子のいたずら (travesuras) にいつも愚痴をこぼしていた (quejarse de)。

3) 私が目を覚ましたとき、もう昼の (del mediodía) 12時だった。

第19章 関係詞

→ 解答例・解説はP.174

1 関係代名詞 que を用いて、下線の語で始まる1つの文にしましょう。

例) Este es el diccionario. / Juan me prestó este diccionario en el colegio.
これはその辞書です。　　　フアンは学校で私にこの辞書を貸してくれた。
→ Este es el diccionario que Juan me prestó en el colegio.
これはフアンが学校で私に貸してくれた辞書です。

1) Este es el libro. / Me gusta el libro.
これはその本です。　　私はその本が好きです。

2) Esta es la película. / Tú viste la película.
これはその映画です。　　君はその映画を見た。

3) Este es el chico. / El chico habla bien inglés.
こちらはその男の子です。　その男の子は英語を上手に話す。

4) Esta es la cámara. / Luis compró la cámara ayer.
これはそのカメラです。　ルイスはそのカメラを昨日買った。

5) Estos son los alumnos. / Los alumnos vienen de Alemania.
こちらはその生徒たちです。　その生徒たちはドイツから来ている。

2 2つの文に分けましょう。

例) La chica que lleva una chaqueta roja es mi hermana.
赤い上着を着ている女の子は私の妹です。
→ La chica es mi hermana. / La chica lleva una chaqueta roja.
その女の子は私の妹です。　　その女の子は赤い上着を着ている。

1) La amiga que cocina bien se llama Carmen.
料理が上手な友人の名前はカルメンです。

2) La montaña que se ve desde aquí está cubierta de nieve.
ここから見える山は雪で覆われている。

3) Las damas que están bailando el vals son muy elegantes.
ワルツを踊っている貴婦人たちはとても優雅だ。

3 正しい関係詞を選びましょう。

例 Estoy de acuerdo con la opinión ((que) / la que) has expresado.
　　私は君が述べた意見に賛成だ。

1) Todos los obreros (que / los que) trabajan en esta planta saben japonés.
　　この工場で働いている労働者はみな日本語を話せる。

2) El médico (que / quien) me vio era joven.
　　私を診察した医者は若かった。

3) Se me acercó una chica (cuyo / que) nombre no sabía.
　　名前を知らない女性が近づいてきた。

4) Él no escribe a sus padres, (cual / lo cual) les preocupa mucho.
　　彼は両親に手紙を書かず、そのことが両親を心配させている。

5) (La que / Que) canta bien es María José.
　　歌が上手なのはマリア・ホセです。

4 関係副詞 cuando, donde, como のいずれかを入れましょう。

例 Este es el gimnasio (donde) practico yoga.
　　ここは私がヨガをするジムです。

1) Esta es la iglesia (　　　　　) nos casamos hace diez años.
　　これは私たちが10年前に結婚した教会です。

2) En febrero, (　　　　　) hace mucho frío, van a las Islas Canarias.
　　2月に、それはとても寒いときなのだが、彼らはカナリア諸島へ行く。

3) No me gustó nada la manera (　　　　　) te trató él.
　　彼の君への接し方が私にはまったく気に入らなかった。

4) Tenemos que prepararlo (　　　　　) nos ha dicho el jefe.
　　私たちは上司が言ったとおりにそれを準備しなければならない。

5) Esta es la clínica (　　　　　) nacieron mis dos hijos.
　　これは私の2人の息子が生まれた病院です。

5 正しい前置詞を選びましょう。

例 Esta es la señora (con / (de)) quien te hablé anoche.
　　こちらが昨夜私が君に話した女性です。

1) Estos son los libros (a / por) los que me estoy refiriendo.
　　これらが私が言及している本です。

2) La biblioteca tiene un bar, (delante / detrás) del cual hay servicios.
　　図書館にはバルがあり、その前にトイレがある。

3) El chico (a / con) quien se casa Isabel se llama Luis.
　　イサベルが結婚する青年はルイスという名前です。

第19章 関係詞

6 （　）内に入る関係詞を cuando, donde, quien から選び、下線部を強調する文を作りましょう。

> 例　Mi primo va a visitarme el próximo domingo.
> 私のいとこは次の日曜日に私を訪ねる。
> → Es el próximo domingo (　cuando　) mi primo va a visitarme.
> 私のいとこが私を訪ねるのは来週の日曜日だ。

1) Cervantes vivió en esta casa.
セルバンテスはこの家に住んでいた。
Es esta casa (　　　　　) vivió Cervantes.
セルバンテスが住んでいたのはこの家だ。

2) Irene escribió una carta a su novio.
イレネは恋人に手紙を書いた。
Fue a su novio a (　　　　　) Irene escribió.
イレネが手紙を書いたのは彼女の恋人だった。

3) Ellos se han marchado por este camino.
彼らはこの道を通って去って行った。
Es por este camino por (　　　　　) ellos se han marchado.
彼らが去って行ったのはこの道だ。

4) Las manzanas se venden más en esta época.
りんごはこの時期にもっとも売れる。
Es en esta época (　　　　　) las manzanas se venden más.
リンゴがもっとも売れるのはこの時期だ。

7 語句を並べかえて文章を作りましょう。

> 例　私は君の言っていることがよく分からない。　[entiendo, dices, no, lo que]
> No entiendo lo que dices.

1) その村に住んでいる人たちはよく働く。
[la gente, en el pueblo, que, trabaja, vive, mucho]

2) もう私には何も言うべきことはない。
[que, ya, no, decir, tengo, nada]

3) 証人は、どのように2台の車が衝突したのかを判事に説明した。
[el testigo, los dos coches, ha explicado, como, al juez, se chocaron, el modo]

4) ペドロが一緒に働きたいのはサラです。
[Pedro, quiere, con Sara, trabajar, quien, es, con]

88

¡Un poco más!

1 下線部の関係詞の間違いを正しましょう。

例 ¿Puedes mirar el ordenador <u>el que</u> no funciona bien?
　　調子の悪いパソコンを見てくれますか。　　　(　　que　　)

1) La chica <u>quien</u> nos ha atendido es su secretaria.
　　私たちの応対をしてくれた女性は彼の秘書です。　(　　　　)

2) El niño <u>cuyo</u> madre trabaja aquí se llama Simón.
　　母親がここで働いている子どもの名前はシモンです。　(　　　　)

3) La cliente <u>a que</u> espero va a venir en metro.
　　私が待っているお客さんは地下鉄で来るだろう。　(　　　　)

2 日本語に訳しましょう。

1) El hombre que llamé por teléfono ayer es mi cuñado.

2) Es a ti a quien quiere Juan.

3) Fue por los malos tratos de su marido por los que Cristina decidió irse de casa.

4) La señora compró cuantos bombones había en la tienda.

5) De las diez personas que fueron llevadas al hospital, tres estaban inconscientes.

3 スペイン語に訳しましょう。

1) 私たちは中国語を勉強している友人たちを招待します (invitar)。

2) 彼の家は海が見える丘にある。(desde donde を用いて)

3) 今日私はすることがたくさんあるので (Como) 早く帰宅します。

4) あなたが探している看護師は診察室 (la sala de consulta) にいます。

¿Repasamos? 5

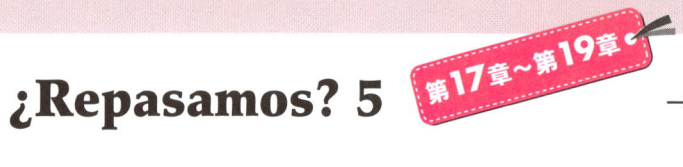

第17章～第19章　→ 解答例・解説は P.176

1. 先週一週間の Maite の行動を読んで、表を埋めましょう。

El lunes por la tarde Maite estuvo en la peluquería. El martes por la noche salió a cenar con sus amigos. El miércoles tuvo dolor de cabeza y se quedó todo el día en casa. El jueves a las once de la mañana visitó a su hermana. El viernes por la mañana fregó el suelo. El sábado fue al campo después del almuerzo y el domingo por la tarde lo pasó bien montando a caballo.

月曜日	午後	1)
火曜日	2)	友人と夕食に出かけた
水曜日	3)	4)
木曜日	午前11時	5)
金曜日	6)	7)
土曜日	8)	郊外へ出かけた
日曜日	9)	10)

2. 日本語に訳しましょう。

1) Nací en un pueblecito que tenía unos mil habitantes.

2) Entonces no había luz eléctrica ni agua corriente en el pueblo.

3) Las calles por las que pasamos ayer no estaban asfaltadas.

3. スペイン語に訳しましょう。

1) あの冬は耐え難い寒さだった。　[insoportable]

2) 私は子どものころこの湖でよく泳いだものだ。

3) 彼女は知っていることを全て言った。

ガリシア地方のシーフード

　ガリシアの州都ア・コルーニャ。港の裏通りを歩いて行くと、水揚げされたばかりの新鮮な海の幸を食べさせてくれるシーフードレストラン marisquería が、所狭しと軒を連ねています。店の外から覗いてみると、氷の上にエビ、タコ、カニ、アサリ、牡蠣、ムール貝などが陳列されています。シーフードの盛り合わせ mariscos variados を注文してもいいですが、タコのガリシア風 pulpo a la gallega も忘れてはなりません。ゆっくりと茹で上げたタコにオリーブ油、パプリカ、塩をかけただけのシンプルな料理ですが、日本人の口によく合います。そして、シーフードにはガリシア名産、リベイロ ribeiro という白ワインがおすすめです。白い陶器でできた大きめの盃でいただくと、何とも日本で冷酒を飲んでいるような望郷の念に駆られてしまいます。

シーフードの盛り合わせ

第20章 直説法未来

→ 解答例・解説は P.177

1 動詞を直説法未来に活用させましょう。

例 hablar （yo　hablaré　）話す

1) andar　（yo　　　　）
2) ir　　（ella　　　）
3) ser　　（usted　　 ）
4) tomar　（vosotros　）
5) salir　（él　　　　）
6) hacer　（tú　　　　）
7) querer　（ellas　　）
8) ponerse　（nosotros　）
9) quitarse　（ustedes　）
10) vestirse　（yo　　　　）

2 下線部の直説法現在の動詞を、直説法未来にしましょう。

例 Estudio en la biblioteca.　→　（　Estudiaré　）
　 私は図書館で勉強する。　　　　　　勉強するだろう

1) José me ayuda mañana.　　　　　　（　　　　）
　 明日ホセは私を手伝ってくれる。
2) Nosotros nos sentamos en la primera fila.　（　　　　）
　 私たちは1列目に座る。
3) ¿Le prestas el coche?　　　　　　（　　　　）
　 君は彼に車を貸しますか。
4) Primero me lavo las manos al llegar a casa.　（　　　　）
　 家に着くと、まず私は手を洗います。
5) ¿Caminamos hasta la estación?　　（　　　　）
　 私たちは駅まで歩きますか。

3 下線部の近い未来を表す ir a + 不定詞を、直説法未来にしましょう。

例 María va a viajar en verano.　→　（　viajará　）
　 マリアは夏に旅をするつもりだ。

1) ¿Vais a subir el Monte Fuji?　　（　　　　）
　 君たちは富士山に登るつもりですか。
2) El enfermo va a mejorar poco a poco.　（　　　　）
　 病人は少しずつ良くなっていくだろう。
3) ¿Vas a ducharte ahora?　　　　　（　　　　）
　 君は今からシャワーを浴びるつもりですか。
4) Vamos a practicar el baile un poco más.　（　　　　）
　 もう少しダンスの練習をしましょう。
5) ¿Van a viajar ustedes en coche o en tren?　（　　　　）
　 あなた方は車か電車かどちらで旅をするつもりですか。

4 動詞を直説法未来に活用させましょう。

例 Yo te (esperar → esperaré) en la cafetería.
　　カフェテリアで、私は君を待つだろう。

1) Nosotros te (presentar　　　　　　　　) al Sr. Rodríguez.
　　私たちはロドリーゲスさんを君に紹介するだろう。
2) El jefe nunca (cambiar　　　　　　　　) de opinión.
　　上司は決して意見を変えないだろう。
3) ¿Vosotros (tocar　　　　　　　　) la flauta en la orquesta?
　　君たちはオーケストラでフルートを演奏しますか。
4) Los chicos (regresar　　　　　　　　) a casa para Navidad.
　　クリスマスまでに少年たちは家に戻るだろう。
5) ¿Nosotros (tener　　　　　　　　) que asistir a esta reunión?
　　私たちはこの会議に出席しなければならないだろうか。
6) No sé si José (venir　　　　　　　　) o no.
　　ホセが来るかどうか、私はわからない。
7) Tus padres (alegrarse　　　　　　　　) mucho de tu éxito.
　　君の両親は君の成功をとても喜ぶだろう。
8) Alfredo (hacerse　　　　　　　　) cirujano después de la carrera.
　　学業を終えたら、アルフレッドは外科医になるだろう。
9) Un día tú (darse　　　　　　　　) cuenta de tus errores.
　　いつか君は自分の間違いに気づくだろう。

5 直説法未来を使って現在推量の文に書きかえましょう。

例 Probablemente Susana está en casa.　→　Susana estará en casa.
　　おそらくスサナは家にいるだろう。　　　　スサナは家にいるだろう。

1) Probablemente ellos no saben el secreto.　　おそらく彼らは秘密を知らないだろう。

2) Probablemente esta confesión es falsa.　　おそらくこの告白は偽りだろう。

3) Probablemente hay unas mil personas en la sala del concierto.
　　おそらくコンサート会場に約1000人いるだろう。

4) Probablemente mi sobrino está en el parque.　おそらく甥は公園にいるだろう。

5) Probablemente los clientes son puntuales.　おそらく顧客は時間に正確だろう。

第20章 直説法未来

6 直説法未来を使った命令表現にしましょう。

> 例 Tú (limpiar → limpiarás) el jardín.　君は庭を掃除しなさい。

1) Tú no se lo (decir　　　　　　) a nadie.
   君は誰にもそれを言ってはいけない。

2) ¿Estás cansado? Nosotros (descansar　　　　　　) un poco.
   疲れていませんか。少し休みましょう。

3) Luisito, (esperar　　　　　　) aquí a tu madre, ¿vale?
   ルイス、ここでお母さんを待ちなさい、いいね。

7 下線部をたずねる質問文を作りましょう。

> 例 Yo compraré una bufanda.　→　¿Qué comprarás tú?
> 私はマフラーを買うだろう。　　　君は何を買うだろうか。

1) Su boda será en junio.　　　　彼の結婚式は6月だろう。

2) Invitaré a mi compañero a la cena.　　私は同僚を夕食に招待するだろう。

3) Mis tíos trabajarán en París.　　私のおじ夫婦はパリで働くだろう。

4) Me acostaré a las once.　　　　私は11時に寝るだろう。

5) Compraremos unas sandalias aquí.　私たちはここでサンダルを買うだろう。

8 語句を並べかえて文章を作りましょう。イタリック体の動詞は直説法未来に活用させること。

> 例 今晩私は出かけられない。　[salir, yo, esta noche, *poder*, no]
> Yo no podré salir esta noche.

1) 女の子はすぐに一人で着替えるようになるだろう。
   [pronto, sola, *vestirse*, la niña]

2) 明日、僕たちは君に別れを告げるために空港へ行くだろう。
   [despedirnos de, mañana, para, al aeropuerto, *ir*, nosotros, ti]

3) 彼は日本料理が好きだろう。
   [japonesa, *gustar*, la comida, le]

¡Un poco más!

1 動詞を直説法未来に活用させ、現在推量の文にしましょう。

例 Ahora Pablo (estar → estará) en casa.　今パブロは家にいるだろう。

1) Mis colegas (estar　　　　　　　) de acuerdo con esta propuesta.
2) Ya no (caber　　　　　　　) más cajas en el camión.
3) El límite de entrega (ser　　　　　　　) hoy.
4) Ella (tener　　　　　　　) sesenta años, pero no lo aparenta.
5) Este diamante (valer　　　　　　　) más de un millón de yenes.

2 日本語に訳しましょう。

1) Este verano Susana pasará las vacaciones en Suiza, pero el año que viene se quedará en Madrid.

2) ¿Cuánto le cuesta el piso? -Le costará unos ciento cincuenta mil euros.

3) Cada vez habrá más gente con problemas de alergia.

4) Aunque Felipe venga a verme, no tendré tiempo de hablar con él.

5) Los solicitantes pedirán los formularios en la ventanilla número uno.

6) Lo esperaremos media hora más.

3 直説法未来を使って、スペイン語に訳しましょう。

1) 私は来月 (el próximo mes) 20歳になります (cumplir)。

2) 何時ですか。—はっきりは (exactamente) わかりません、5時ごろでしょう。

3) 彼らはすぐ試験の結果 (el resultado) を知るでしょう。

4) 私たちは決して同じ過ちを犯しません (volver a + 不定詞)。

5) 今ごろ (en este momento) 彼らは休暇を楽しんでいるでしょう (disfrutar de)。

第20章　直説法未来

第21章 直説法過去未来

→ 解答例・解説は P.179

1 動詞を直説法過去未来に活用させましょう。

例 cantar 歌う (yo   cantaría   )

1) esperar   (yo   )   2) correr   (tú   )
3) acudir   (nosotros   )   4) ver   (vosotros)
5) saber   (ellos   )   6) salir   (usted   )
7) caber   (ellas   )   8) hacer   (ustedes   )
9) lavarse   (él   )   10) oponerse (yo   )

2 動詞を直説法過去未来に活用させましょう。

例 No sabíamos que nos (visitar → visitarían) mis padres.
　 私たちは両親が訪ねてくることを知らなかった。

1) Yo creía que (volver   ) pronto.
　 私は彼がすぐに帰ると思っていた。
2) Nuestro padre nos prometió que no (beber   ) más.
　 父はもうお酒を飲まないと私たちに約束した。
3) Yo pensé que ellos (pasar   ) las vacaciones fuera del país.
　 私は彼らが休暇を国外で過ごすと思った。
4) El profesor dijo que (haber   ) un examen dentro de poco.
　 先生はもうすぐ試験があると言った。
5) Ellos me avisaron que (llegar   ) tarde.
　 彼らは遅れると私に知らせた。

3 直接話法を間接話法に書きかえて、文を完成させましょう。

例 Dijeron: "Paco vendrá a la fiesta."
　 「パコはパーティに来るだろう」と彼らは言った。
　 → Dijeron que (Paco vendría a la fiesta).
　 パコはパーティーに来るだろうと彼らは言った。

1) Él me dijo: "No volveré a hacerlo."
　 「彼は再びそれをすることはないだろう」と彼は私に言った。
　 Él me dijo que (   ).
2) Yo creía: "Santiago me responderá así."
　 「サンティアゴは私にそのように答えるだろう」と私は思っていた。
　 Yo creía que (   ).
3) Me preguntaste: "¿Le gustará este regalo?"
　 「彼はこのプレゼントを気に入るだろうか」と君は私に尋ねた。
　 Me preguntaste si (   ).

4 動詞を直説法過去未来に活用させ、過去の推量文を作りましょう。

例　Ella (　salir → saldría　) con su amiga.　彼女は友人と出かけたのだろう。

1) (Ser　　　　　　　) la una de la mañana cuando regresó a casa.
彼が家に帰ったのは午前1時だっただろう。

2) Les (pasar　　　　　　　) algo muy grave.
何かとても重大なことが彼らに起こったのだろう。

3) ¿Quién le (decir　　　　　　) eso?
誰がそんなことを彼に言ったのだろう。

4) (Estar　　　　　　　) hablando con su amigo.
彼らは友達と話していたのだろう。

5 現在の推量文を過去の推量文に書きかえましょう。

例　Tendrá cincuenta años.　→　Tendría cincuenta años.
　　彼は50歳くらいだろう。　　　　彼は50歳くらいだっただろう。

1) Serán las once de la mañana.
午前11時ごろだろう。

2) Habrá un congreso internacional en este hotel.
このホテルで国際会議があるだろう。

3) El médico le aconsejará dejar de fumar.
医者は彼にタバコをやめるように忠告するだろう。

6 直説法過去未来を用いて過去の推量文に書きかえましょう。

例　Probablemente tenía cuarenta años.　たぶん彼は40歳くらいだっただろう。
　→ Tendría cuarenta años.　彼は40歳くらいだっただろう。

1) Eran las diez aproximadamente cuando llegaron al aeropuerto.
彼らが空港に着いたとき10時ごろだっただろう。

2) Probablemente llegó a tiempo a la reunión.
おそらく彼はミーティングに間に合っただろう。

3) Posiblemente tenías mucha hambre después de haber trabajado tanto.
あんなに働いた後だときっと君はとてもお腹が空いていただろう。

第21章　直説法過去未来

7 動詞を直説法過去未来に活用させ、婉曲表現（遠回しな表現や丁寧表現）の文を作りましょう。

> 例 (Deber → Deberías) tú estudiar más.
> 君はもっと勉強した方がいいんじゃないかな。

1) Me (gustar   ) bailar con usted.
   あなたと踊りたいのですが。
2) ¿(Poder   ) Ud. abrir la ventana?
   窓を開けてもらえませんか？
3) Yo (querer   ) hablar con el profesor Martínez.
   マルティネス先生とお話がしたいのですが。
4) Tú (necesitar   ) visitarla mañana.
   明日、君は彼女を訪ねなければならないのだが。
5) Nosotros (tener   ) que mantenerlo en secreto.
   私たちはそのことを秘密にしておかなければいけないんじゃないかな。
6) ¿Le (importar   ) fumar?
   タバコを吸っても構いませんでしょうか？
7) (Ser   ) mejor hablar con él cara a cara.
   彼と直接向き合って話す方がいいでしょう。
8) Mi madre (desear   ) ir a Londres.
   母はロンドンに行きたがっているのですが。

8 動詞を選択肢から選んで直説法過去未来に活用させ、条件文を完成させましょう。重複不可。

[aprobar, estar, hacer, poder, salir, venir]

> 例 De no llover, (saldríamos) a pasear.
> もし雨が降っていなかったら私たちは散歩に出かけるのに。

1) Contigo yo (   ) superarlo todo.
   君となら私は全てを乗り越えられるだろうに。
2) De no estar tan lejos, ellos (   ) dentro de unos minutos.
   そんなに遠くにいるのでなければ、彼らはあと数分で来るだろうに。
3) Estudiando un poco más, tú (   ) el examen.
   もう少し勉強すれば、君は試験に合格するだろうに。
4) No sé qué (   ) yo sin ti.
   君がいなければ、私はどうしていいか分からないだろう。
5) En su propia casa, Jaime no (   ) tan nervioso.
   自分の家だったら、ハイメはそんなに緊張しないだろうに。

¡Un poco más!

1 動詞を選択肢から選び、直説法過去未来に活用させましょう。重複不可。

[abandonar, acostarse, contar, exiliarse, haber, pegar, poder, ser, tardar, tener]

> 例 Suponía que no (habría) nadie en la clase.
> 教室には誰もいないだろうと私は思っていた。

1) (　　　　　　　) más de veinte días en llegar a Santiago de Compostela.
   彼らはサンティアゴ・デ・コンポステーラまで20日以上かかっただろう。

2) Se dio cuenta de que sus amigos la (　　　　　　　).
   彼女は友人たちが自分を見捨てるだろうということに気づいた。

3) (　　　　　　　) muy tarde y se le (　　　　　　　) las sábanas.
   彼は遅くに寝て、朝寝坊をしたのだろう。

4) Ella te lo (　　　　　　　), ¿no? - No, no me contó nada.
   彼女は君にそのことを話したんだよね？―いいえ、彼女は何も話しませんでした。

5) (　　　　　　　) las cinco de la tarde de ayer cuando perdí el móvil en el metro.
   地下鉄で携帯を失くしたのは、昨日の午後5時ごろだっただろう。

6) Sin su ayuda no (　　　　　　　) ganar el primer premio del concurso.
   もし彼女の助けがなかったら君たちはコンクールで優勝できないだろう。

7) (　　　　　　　) la obligación de ayudar a la gente necesitada.
   私たちは困窮している人々を助ける義務があるんじゃないのかな。

8) Nos escribió que (　　　　　　　) al extranjero por razones ideológicas.
   彼は思想的な理由で国外亡命をするつもりだと私たちに手紙を書いた。

2 過去未来を使って、スペイン語に訳しましょう。

1) 聖週間 (la Semana Santa) までには帰ってくる (regresar) つもりだと彼は両親に約束した (prometer)。

2) 誰が彼にわなを仕掛けたのだろう (poner una trampa)。

3) 君はもっと辛抱強くならなければ (ser paciente) いけないんじゃないかい。(deber を用いた婉曲表現)

4) 彼はどこで彼女と知り合いましたか (conocer)。―大学で知り合ったのだろう。

5) 私はヨーロッパ中を旅行してみたいものだ。(gustar を用いて)

第21章 直説法過去未来

第22章 接続法現在（1）

→ 解答例・解説はP.181

1 動詞を接続法現在に活用させましょう。

例 hablar （yo   hable   ） 話す

1) recibir （ustedes   ）　2) pasear   （tú   ）
3) leer   （vosotros   ）　4) alcanzar （ellos   ）
5) coger   （yo   ）　6) buscar   （tú   ）
7) pagar   （él   ）　8) ver   （nosotros ）
9) ir   （tú   ）　10) saber   （ellas   ）
11) oír   （yo   ）　12) conducir（nosotros ）
13) dormir （tú   ）　14) quitarse（nosotros ）
15) ponerse（yo   ）　16) sentarse（él   ）

2 動詞を接続法現在にして、疑惑文にしましょう。

例 Tal vez Pablo （ llegar → llegue ） tarde.　たぶんパブロは遅刻するだろう。

1) Quizá Luisa (abrir   ) una pastelería.
   たぶんルイサはケーキ屋を開くだろう。
2) Acaso ellos no (querer   ) hacer nada.
   たぶん彼らは何もしたくないだろう。
3) Quizás (ser   ) mentira lo que te ha dicho Rodolfo.
   たぶんロドルフォが君に言ったことは嘘だろう。
4) Tal vez los niños (estar   ) dormidos ya.
   たぶん子供たちはもう寝ているだろう。
5) Tal vez los alumnos no (darse   ) cuenta de esta diferencia.
   たぶん学生たちはこの違いに気づかないだろう。

3 接続法現在を使った疑惑文で答えましょう。

例 ¿Venderás este coche?　　– Sí, quizá lo venda.
　 君はこの車を売るだろうか。　たぶん売るでしょう。

1) ¿Isabel esperará el próximo autobús?　イサベルは次のバスを待つだろうか。
   – Sí, _____
2) ¿Cenaréis en un restaurante?　君たちはレストランで食事をするだろうか。
   – Sí, _____
3) ¿Se casarán ellos el año que viene?　彼らは来年結婚するだろうか。
   – Sí, _____

4 動詞を接続法現在にして、実現可能な願望文にしましょう。

例 ¡Ojalá que yo (aprobar → apruebe) el examen!
私が試験に受かりますように！

1) ¡Ojalá que José nos (escribir   ) pronto!
ホセがすぐに手紙を書いてくれますように！
2) ¡Que nosotros lo (terminar   ) para el lunes próximo!
次の月曜日までにこれを終えられますように！
3) ¡Que no (llover   ) mañana!
明日雨が降りませんように！
4) ¡Que (portarse   ) bien mis niños en el hotel!
子供たちがホテルで行儀良くしていますように！
5) ¡Que (mejorarse   ) su padre!
彼のお父さんがよくなりますように！

5 接続法現在を使った願望文で答えましょう。

例 ¿Comprarás una casa?   – ¡Ojalá la compre!
君はこの家を買うだろうか。   買えるといいなあ。

1) ¿Viajarás por España este verano?   この夏、君はスペインへ旅行するだろうか。

2) ¿Te tocará la lotería?   君に宝くじが当たるだろうか。

3) ¿Tu hijo se hará abogado?   君の息子は弁護士になるだろうか。

6 動詞を接続法現在に活用させましょう。

例 Siento que no (poder → podamos) ir juntos.　一緒に行けなくて残念だ。

1) Es difícil que nosotros (llegar   ) a un acuerdo.
私たちが合意に達するのは難しい。
2) No creo que ellos (tardar   ) dos horas en llegar.
彼らが来るのに２時間かかるとは思わない。
3) Te aconsejo que (guardar   ) el secreto.
秘密を守るように君に助言する。
4) Puede que Pablo y Elena (conocerse   ).
パブロとエレナは知り合いかもしれない。
5) Me alegro de que tú (acordarse   ) de mí.
君が私を覚えていてくれてうれしい。

第22章 接続法現在（1）

101

7 接続法現在を使って、可能性を表す価値判断の文にしましょう。

> 例 ¿Venderás el coche?　　　－ Es posible que (　　lo venda　　).
> 　　君は車を売りますか。　　　　それを売るかもしれません。

1) ¿Los niños sabrán nadar?　　→ Es posible que (　　　　　　　　　).
　　子供たちは泳げるだろうか。

2) ¿Saldrá bien el trabajo?　　→ Es posible que (　　　　　　　　　).
　　仕事はうまくいくだろうか。

3) ¿Hará buen tiempo mañana?　→ Es posible que (　　　　　　　　　).
　　明日は天気がいいだろうか。

8 動詞を直説法現在か、接続法現在にしましょう。

> 例 No creo que Luis (　venir → venga　).　私はルイスが来るとは思わない。

1) Dudo que mi hermana (aprobar　　　　) el examen.
　　姉がその試験に合格するとは思えない。

2) Sus padres le han dicho que ellos (volver　　　　) pronto.
　　彼の両親はすぐ戻ると彼に言った。

3) Le pido que (entregar　　　　) este informe al jefe.
　　上司にこの報告書を渡すように私は彼に頼む。

4) ¡Que mis padres me (permitir　　　　) estudiar en el extranjero!
　　両親が留学するのを許してくれたらいいのに！

5) Te aseguro que yo no (tener　　　　) tiempo para nada.
　　本当に私はまったく時間がないんだ。

6) Está claro que ellos (enfadarse　　　　) conmigo.
　　彼らが私に対して腹を立てるのは明らかだ。

7) ¡Ojalá todos (colaborar　　　　) en este proyecto!
　　みんながこのプロジェクトに協力してくれますように！

8) No es seguro que mi equipo favorito (ganar　　　　) el partido.
　　私のお気に入りのチームが試合に勝つかどうかはわからない。

9) Me parece que los niños (estar　　　　) contentos con los juguetes.
　　子供たちはおもちゃに満足しているようだ。

10) A lo mejor mi padre (llegar　　　　) tarde a casa.
　　たぶん父の帰宅は遅いだろう。

11) El maestro nos manda que (aprender　　　　) de memoria el vocabulario.
　　先生は語彙を暗記するように私たちに言う。

¡Un poco más!

1 語句を並べかえて文章を作りましょう。イタリック体の動詞は接続法現在に活用させること。

例 私は君に手伝ってもらいたい。　　[que, yo, *ayudar*, quiero, me]
　　Yo quiero que me ayudes.

1) おそらく今日君に小包が届くだろう。
   [te, hoy, un paquete, quizá, *llegar*]

2) 僕たちが南の島で避暑ができますように。
   [una isla tropical, *poder* veranear, en, ojalá que]

3) あなたは禁煙したほうがいいでしょう。
   [que, fumar, usted, será, *dejar* de, mejor]

2 日本語に訳しましょう。

1) La madre dice a su niño que no juegue a los videojuegos más de una hora.

2) ¡Ojalá que consigamos la mayoría en las elecciones!

3) Tal vez la niña sepa el secreto familiar.

4) ¡Que tenga usted mucho cuidado con los objetos de valor!

5) Es necesario que hagamos una revisión médica una vez al año.

3 接続法現在を使い、スペイン語に訳しましょう。

1) たくさん野菜を食べるように医者は君に助言する (aconsejar)。

2) アンヘルがこの辺りに現れないなんて、私はおかしいと思う (extrañar)。

3) 私たちは状況がそんなに早く回復する (recuperarse) とは思わない。

4) マリサが僕のプレゼントを気に入って (gustar) くれますように。

5) 何か君のお役に立てれば (servir de algo) 私はうれしいです (alegrarse de)。

第22章　接続法現在 (1)

103

第23章 接続法現在 (2)

→ 解答例・解説はP.183

1 動詞を接続法現在に活用させましょう。

> 例 Buscamos un ayudante que (trabajar → trabaje) en esta oficina.
> 私たちはこのオフィスで働く助手を探している。

1) No conozco a nadie que (hablar   ) mal de ella.
   私は彼女の悪口を言う人を誰も知らない。

2) Quiero casarme con una chica que (cocinar   ) bien.
   私は料理の得意な女性と結婚したい。

3) Pueden nadar los que (tener   ) bañador.
   水着を持っている人は泳いでいい。

2 関係詞と接続法現在を使った文にしましょう。

> 例 Queremos comer en un restaurante. / El restaurante debe estar en el centro.
> 私たちはレストランで食事をしたい。　　レストランは中心地になければならない。
> → Queremos comer en un restaurante que esté en el centro.
> 私たちは中心地にあるレストランで食事をしたい。

1) Buscamos un intérprete. / Debe acompañarnos en el viaje de negocios.
   私たちは通訳を探している。　私たちと一緒に出張に行かなければならない。

2) Voy a regalar a Ana un perfume. / Le debe gustar.
   僕はアナに香水を贈るつもりだ。　　彼女が気に入るにちがいない。

3) Ellos necesitan algún abogado. / Debe defender bien a los clientes.
   彼らは誰か弁護士が必要だ。　　顧客をしっかり守るにちがいない。

3 動詞を直説法現在か、接続法現在に活用させましょう。

> 例 Quiero comprar una corbata que (ir → vaya) bien con la camisa.
> 私はシャツに合うネクタイを買いたい。

1) Ellos viven en una casa grande que (tener   ) una piscina.
   彼らはプールのある大きな家に住んでいる。

2) En esta tienda no venden nada que me (interesar   ).
   この店には私が興味のあるものは何も売られていない。

3) ¿Hay alguien que (estar   ) cansado?
   疲れている人はいますか。

4 動詞を接続法現在に活用させましょう。

> 例 Antes de que (volver → vuelva) mi madre, tengo que limpiar la habitación.
> 母が帰宅する前に、私は部屋を掃除しなければならない。

1) El profesor habla en voz alta para que todos lo (escuchar   ).
   みんなが聞こえるように、先生は大きな声で話す。

2) En caso de que ustedes (tener   ) alguna duda, consulten con nosotros.　何か疑問がありましたら、私どもにご相談ください。

3) ¿Quieres avisarme en cuanto (saber   ) algo de José?
   ホセのことが何かわかったら、すぐに私に知らせてくれますか。

5 時を示す接続詞 cuando と接続法現在を使った文を作りましょう。

> 例 Vendrás a mi ciudad. / Cenaremos juntos.
> 君は私の町に来るでしょう。　一緒に夕食を食べましょう。
> → Cuando vengas a mi ciudad, cenaremos juntos.
> 君が私の町に来たら、一緒に夕食を食べましょう。

1) Llegaré a la estación. / Te llamaré por teléfono.
   私は駅に着くだろう。　　私は君に電話をかけるだろう。

2) Dejará de llover. / Saldremos de paseo.
   雨がやむだろう。　　私たちは散歩に出るだろう。

3) Terminaré de leer la novela. / La devolveré a la biblioteca.
   私は小説を読み終えるだろう。　　私はそれを図書館に返却するだろう。

6 譲歩を示す接続詞 aunque と接続法現在を使った文を作りましょう。

> 例 ¿Me creerás si te digo la verdad?　本当のことを言ったら、私を信じますか。
> – No, no te creeré aunque me digas la verdad.
> いいえ、たとえ君が本当のことを言っても、私は信じません。

1) ¿Irás al médico si te encuentras mal?　君は体調が悪いなら、医者に行きますか。
   – No, _____

2) ¿Irán ustedes de veraneo si hace calor?　暑いなら、あなた方は避暑に行きますか。
   – No, _____

3) ¿Cogerás un taxi si se retrasa el autobús?　バスが遅れるなら、タクシーに乗りますか。
   – No, _____

7 動詞を直説法現在か、接続法現在に活用させましょう。

> 例 Lo entenderás cuando (ser → seas) mayor.
> 大人になったら君もわかるだろう。

1) Después de que mis hijos (salir   ) de casa, yo limpio siempre sus habitaciones.
   息子たちが出かけた後、私はいつも彼らの部屋を掃除する。

2) Conozco a alguien que nos (poder   ) ayudar.
   私たちを手伝ってくれる人を私は知っている。

3) No hablaré con Manuel a menos que me (pedir   ) perdón.
   マヌエルが謝らないかぎり、私は彼と話をしないだろう。

4) Iré adonde (ir   ) vosotros.
   私は君たちが行くところに行くだろう。

5) Mi hermano está enfadado aunque no lo (parecer   ).
   そうは見えないが、弟は腹を立てている。

6) Mientras yo (preparar   ) la bebida, pon la mesa, por favor.
   私が飲み物を用意する間に、君はテーブルセッティングをしてください。

7) A fin de que (tener   ) ustedes más apetito, primero les serviré una copa de jerez.
   もっと食欲がでるように、まずシェリー酒を一杯お出ししましょう。

8) Por muy inteligente que (ser   ), tienes que esforzarte más.
   君がどんなに賢くても、もっと努力しなければならない。

9) Cuando (llegar   ) el invierno, los osos pasan el período de hibernación.
   冬が来ると熊は冬眠する。

10) Si te (interesar   ) el arte moderno, te merece la pena visitar este museo.
    現代美術に興味があるなら、この美術館を訪れる価値がある。

11) A no ser que (ocurrir   ) algo inesperado, acabaremos la obra para mañana.
    予期せぬことが起きないかぎり、私たちは明日までに工事を終えるだろう。

12) Ya que (ser   ) mayor de edad, debes hacerte responsable de lo que has hecho.
    君はもう成人だから、自分のしたことに責任を持つべきだ。

13) Nos escaparemos de aquí sin que nadie (enterarse   ).
    誰にも気づかれずに、ここから抜け出そう。

¡Un poco más!

1 語句を並べかえて文章を作りましょう。イタリック体の動詞は接続法現在に活用させること。

例　彼らが理解できるように、私は文を繰り返す。
[la frase, *entender*, para que, repito, la]
Repito la frase para que la entiendan.

1) たとえお金を持っていても、ヘススはこのブランドのスーツは買わないだろう。
[esta marca, Jesús, de, *tener*, no, aunque, dinero, trajes, comprará]

2) 僕は現代史を扱っている本を君に勧めるよ。
[un libro, recomiendo, la historia contemporánea, *tratar*, te, que]

3) そんなことが二度と起こらないように、気をつけなければならない。
[*volver* a, precauciones, para que, tomar, tal cosa, tenemos que, suceder, no]

2 日本語に訳しましょう。

1) Cueste lo que cueste, Antonio se dedicará a la arquitectura después de la carrera.

2) A no ser que se lo digamos a Manolo, no podremos solucionar nada.

3) No hay nada que te guste tanto como el chocolate.

3 接続法現在を使って、スペイン語に訳しましょう。

1) 明日私に返すなら (con tal de que)、君に車を貸してあげる。

2) 日が暮れる (ponerse el sol) 前に私たちは帰宅しよう。

3) 私たちはベッドルーム (dormitorio) が3つあるアパートを探している。

4) 電車が着くまでホーム (andén) にいよう。

5) 君がどんなに泣いても (por mucho que)、私は君を許さないだろう。

¿Repasamos? 6 第20章～第23章

→ 解答例・解説は P.185

1. マルタの日記を読んで、以下の問いに答えましょう。

A mis amigos y a mí nos gustaría conocer las civilizaciones antiguas. Así que este año pensamos visitar las ruinas de Machu Picchu, de Perú. Saldremos en avión de Madrid el quince de enero, y se tardará unas doce horas hasta Lima. Será necesario que nos quedemos unos días en Cusco para acostumbrarnos a la altura de los Andes. Queremos estar en Machu Picchu por lo menos tres días por si llueve. ¡Ojalá haga buen tiempo!

> por lo menos「少なくとも」
> por si + 直説法「〜かもしれないので」

1) ¿A dónde irán este año?

2) ¿Cuántas horas se tardará de Madrid a Lima en avión?

3) ¿Para que se quedarán unos días en Cusco?

2. 日本語に訳しましょう。

1) Debes tener mucho cuidado para que no te roben la cartera en el Rastro.

2) Aunque te quedes en el laboratorio, no nos servirás para nada.

3) El niño recoge los juguetes antes de ir a la guardería.

4) Si tienes ganas de estudiar, yo te ayudo con mucho gusto.

3. スペイン語に訳しましょう。

1) 私は君ほど情熱的に歌う女性を知らない。　　apasionadamente「情熱的に」

2) 今ごろ夫は帰りの電車の中だろう。

3) イサベルが今年の国家試験に合格しますように。　　oposiciones

4) 私が通りの叫び声を聞いたのは、夜の11時だっただろう。

スペイン文化の形成

トレド全景

　飛行機でピレネー山脈を越えたころ、窓から赤茶けた大地が見えます。その昔ナポレオンが、スペインを馬鹿にして「ピレネーを越えるとアフリカだ」と言い放ったと伝えられていますが、スペインの地に降り立つと、他のヨーロッパ諸国と何かが違う…、どこか匂いが違うと思えてくるのです。その理由の一つは、やはり約800年間イベリア半島にいたイスラム教徒の影響でしょう。

　スペインの歴史家・批評家アメリコ・カストロが、「スペイン文化の形成において、キリスト教徒、ユダヤ教徒、イスラム教徒の共存が決定的要素であった」と説いているように、イベリア半島では13世紀までキリスト教徒、ユダヤ教徒、イスラム教徒が共存していました。古都トレドに行くと、1493年に完成したゴシック様式のカトリック大聖堂、1000年ごろ完成し12世紀に教会堂に転用されたイスラム教のモスク、12〜13世紀に建造されたムデハル様式によるユダヤ教のシナゴーグなどを今でも見ることができます。

シナゴーグ内部

第24章 命令法

→ 解答例・解説は P.187

1 肯定命令の表を完成させましょう。

	1) hablar	2) beber	3) cerrar	4) decir
tú			cierra	
vosotros		bebed		
usted				
ustedes				digan
nosotros	hablemos			

2 否定命令の表を完成させましょう。

	1) parar	2) subir	3) dormir	4) tener
tú	no pares			
vosotros			no durmáis	
usted		no suba		
ustedes				
nosotros				no tengamos

3 動詞を命令形にしましょう。

例 (Comer <vosotros> → Comed) verduras.
　　君たち、野菜を食べなさい。

1) (Abrir <Ud.> 　　　　) las ventanas. 　窓を開けてください。

2) No (leer <tú> 　　　　) la novela. 　その小説を読んではいけません。

3) (Venir <vosotros> 　　　) aquí. 　ここにいらっしゃい。

4) No (salir <nosotros> 　　　　) esta noche.
　　今晩は出かけるのをやめましょう。

5) No me (mentir <Uds.> 　　　). 　私にうそをつかないでください。

6) (Coger <Ud.> 　　　　) cuanto quiera. 　好きなだけ取ってください。

7) No (poner <vosotros> 　　　　　) la televisión.
　　テレビをつけてはいけません。

8) (Caminar <nosotros> 　　　　　) despacio. 　ゆっくり歩きましょう。

4 下線部を目的格代名詞にして、命令文を作りましょう。

> 例 Tienes que llamar a Carmen.　君はカルメンに電話をしなければならない。
> → Llámala.　彼女に電話をしなさい。

1) Tienes que limpiar la habitación esta tarde.
   君は今日の午後、部屋を掃除しなければならない。

2) Ud. tiene que decir la verdad ahora mismo.
   あなたは今すぐ真実を言わなければならない。

3) Uds. tienen que escuchar al profesor con atención.
   あなた方は先生の言うことを注意して聞かなければならない。

4) Tenéis que darme los libros.
   君たちはそれらの本を私に与えなければならない。

5) Tienes que prestarle a José estas guías.
   君はホセにこれらのガイドブックを貸さなければならない。

5 下線部を目的格代名詞にして、否定命令文を作りましょう。

> 例 No debes llamar a Carmen.　君はカルメンに電話をしてはいけない。
> → No la llames.　彼女に電話をしてはいけない。

1) Ud. no debe dejar las llaves aquí.
   あなたはここに鍵を置いておいてはいけない。

2) No debes maltratar a los animales.
   君は動物を虐待してはいけない。

3) No debéis repetir la frase negativa.
   君たちはその否定的な文言を繰り返してはいけない。

4) Uds. no deben repartir a los alumnos los folletos.
   あなた方は生徒たちにパンフレットを配ってはいけない。

5) Ud. no debe servir al cliente el postre todavía.
   あなたはまだ客にデザートを出してはいけない。

第24章 命令法

111

6 肯定命令の表を完成させましょう。

/10

	1) lavarse	2) quitarse	3) ponerse
tú	lávate		
vosotros		quitaos	
usted			póngase
ustedes	lávense		
nosotros			pongámonos

7 否定命令の表を完成させましょう。

/10

	1) bañarse	2) hacerse	3) irse
tú		no te hagas	
vosotros			no os vayáis
usted	no se bañe		
ustedes		no se hagan	
nosotros			no nos vayamos

8 命令文にしましょう。

/6

> 例　Tú te lavas las manos.　君は手を洗う。
> 　→ Lávate las manos.　手を洗いなさい。
> 　Tú no te lavas las manos.　君は手を洗わない。
> 　→ No te laves las manos.　手を洗ってはいけない。

1) Usted se peina todas las mañanas.　あなたは毎朝髪をとかす。

2) Vosotros no os olvidáis de cerrar la puerta.　君たちはドアを閉めるのを忘れない。

3) Nosotros nos levantamos temprano.　私たちは早く起きる。

4) Uds. se aprenden estas palabras de memoria.　あなた方はこれらの単語を暗記する。

5) Tú no te pones nervioso en público.　君は人前で緊張しない。

6) Uds. se quitan los zapatos aquí.　あなた方はここで靴を脱ぐ。

¡Un poco más!

1 動詞を選択肢から選び、命令形にしましょう。重複不可。

[apagar, cometer, dejar, ensuciarse, guardar, hablar, hacer, llevarse, practicar, respetar]

例 (tú   Apaga   ) la luz al salir.　出かけるときには電気を消しなさい。

1) La abuelita está en cama. No (vosotros　　　　) ruido.
2) (tú　　　　) el paraguas por si llueve esta tarde.
3) Durante las vacaciones en Londres (Ud.　　　　) mucho el inglés.
4) No (Uds.　　　　) mal de mi hermano.
5) (tú　　　　) la habitación bien recogida, que luego no te riña tu madre.
6) (vosotros　　　　) la ley y no (　　　　) delitos.
7) En seguida vamos a la boda. Niños, no (vosotros　　　　) el vestido.
8) No era mi intención. No me (tú　　　　) rencor.

2 命令の意味を持つ文を日本語に訳しましょう。

1) ¿Me esperáis aquí?

2) Corre, o vas a perder el tren.

3) Tú volverás pronto.

4) A comer.

5) Que me llame Jaime cuanto antes.

3 スペイン語に訳しましょう。

1) もっとゆっくり話しなさい。(tú に対して)

2) どうかそのことを (lo) よく考えて (pensar bien) ください。(usted に対して)

3) サークル (club) に遅れないでください。(Uds. に対して)

4) 君たち、顔を洗って洋服を着なさい (vestirse)。

5) ここでお別れしましょう (despedirse)。(nosotros に対して)

第24章　命令法

113

第25章 接続法過去

→ 解答例・解説はP.189

1 動詞を接続法過去の ra 形と se 形にしましょう。

例 hablar　　（ yo　　　　hablara　　　）（　　　　hablase　　　）話す
1) partir　　（ nosotros　　　　　　）（　　　　　　　　　）
2) aprender　（ yo　　　　　　　　　）（　　　　　　　　　）
3) conocer　 （ vosotros　　　　　　）（　　　　　　　　　）
4) decir　　 （ ellos　　　　　　　 ）（　　　　　　　　　）
5) dormir　　（ ella　　　　　　　　）（　　　　　　　　　）
6) dar　　　 （ él　　　　　　　　　）（　　　　　　　　　）
7) sentarse　（ tú　　　　　　　　　）（　　　　　　　　　）
8) ponerse　 （ ustedes　　　　　　 ）（　　　　　　　　　）

2 動詞を接続法過去に活用させましょう。

例 Yo pedí a la secretaria que (pasar → pasara) la carta a limpio.
　　私は秘書に手紙を清書するように頼んだ。

1) Yo te aconsejé que no (salir　　　　　　　　) esta noche.
　　私は今晩出かけないように君に助言した。

2) Era imposible que ellas (cambiar　　　　　　) de opinión.
　　彼女たちが意見を変えることはありえなかった。

3) No creía que María (quejarse　　　　　　　　) de esto.
　　私はマリアがこのことに文句を言うとは思わなかった。

4) El profesor nos prohibió que (llevar　　　　　　) el móvil a la clase.
　　先生は私たちが携帯電話をクラスに持っていくことを禁じた。

5) Todos dudaban que ella (poder　　　　　　　) realizar su sueño.
　　みんなは彼女が夢を実現するとは思っていなかった。

6) Sería conveniente que vosotros (ir　　　　　　) todos juntos.
　　君たちがみんな一緒に行くほうが良かっただろう。

7) Le dije que (vestirse　　　　　　　　) para ir a la fiesta.
　　パーティに行くため着替えるように私は彼に言った。

8) Me gustaría que tú (venir　　　　　　　) a recogerme a la estación.
　　君が駅まで私を迎えに着てくれるといいのだが。

9) En aquella fábrica no era natural que (haber　　　　　　) huelga.
　　あの工場でストライキが起こるのは普通ではなかった。

3 動詞を接続法過去に活用させましょう。

> 例 Me dieron vacaciones para que (viajar → viajara) con la familia.
> 家族と旅行するために私は休暇をもらった。

1) Tuvimos que explicárselo a doña Juana con detalle a fin de que no nos (comprender　　　　　　　　　　) mal.
   私たちのことを誤解しないように、フアナさんに詳しくそれを説明しなければならなかった。

2) No conocía a nadie que (dominar　　　　　　　　　　) el chino como su lengua materna.
   中国語を母国語のように習得している人を、私は誰も知らなかった。

3) Regresó a casa poco antes de que (amanecer　　　　　　　　　　).
   彼は夜が明ける少し前に家に帰った。

4) Queríamos comprar un coche que (gastar　　　　　　　　　　) menos gasolina.
   私たちはあまりガソリンを浪費しない車を買いたかった。

5) Les permitieron a los alumnos visitar el congreso con tal de que no (molestar　　　　　　　　　　) a los diputados.
   議員に迷惑をかけないという条件で、学生の国会見学が許可された。

6) Buscamos algunas iglesias románicas que (construirse　　　　　　　　　　) en el siglo XI.
   私たちは11世紀に建設されたロマネスク様式の教会をいくつか探した。

7) Lucía nos habla como si (ser　　　　　　　　　　) una reina.
   ルシアは女王であるかのように私たちに話す。

4 現在・未来の事実に反する si の条件文で答えましょう。

> 例 ¿Qué harías si te tocara la lotería?　　　　＜comprar una casa＞
> もし宝くじが当たったら、君はどうしますか。　　　家を買う
> — Si me tocara la lotería, compraría una casa.
> もし宝くじが当たったら、私は家を買うだろうに。

1) ¿Qué haría usted si ganara un millón de dólares? ＜donarlo a un orfanato＞
   もし100万ドル稼いだら、あなたはどうしますか。　　　孤児院にそれを寄付する

   ----

2) ¿Qué harías si consiguieras entradas para la ópera?　＜invitar a mi novia＞
   もしオペラのチケットが手に入ったら、君はどうしますか。　　　恋人を招待する

   ----

3) ¿Qué harían ustedes si estuvieran estresados?　＜hacer deporte＞
   もしストレスがたまっていたら、あなた方はどうしますか。　　スポーツをする

第25章 接続法過去

5 現在・未来の非現実的な譲歩文で答えましょう。

/3

> 例 ¿Tomarás aspirinas cuando te duela la cabeza?
> 頭が痛いとき、君はアスピリンを飲むだろうか。
> No, no las tomaría aunque me doliera la cabeza.
> いいえ、たとえ頭が痛くても、飲まないだろう。

1) ¿Dormiréis en tienda de campaña cuando vayáis a la montaña?
   君たちは山に行ったら、テントで寝ますか。
   No, _____

2) ¿Dejará de trabajar usted cuando herede una fortuna?
   財産を相続したら、あなたは仕事を辞めますか。
   No, _____

3) ¿Te pondrás las gafas de sol cuando haga mucho sol?
   日差しが強いとき、君はサングラスをかけますか。
   No, _____

6 実現困難、または実現の可能性の無い願望文を作りましょう。

/3

> 例 Espero que llueva.   →   ¡Ojalá lloviera!
> 雨が降るといい。   雨が降りますように！

1) Deseo que se resuelva todo.　すべてが解決されることを望む。
   _____

2) Quiero que los niños duerman más horas.　子供たちにもっと寝てほしい。
   _____

3) Espero que me dejen en paz.　私をそっとしておいてほしい。
   _____

7 接続法過去 ra 形を使って、婉曲表現を作りましょう。

/3

> 例 Yo (querer → quisiera) hablar con el subdirector, por favor.
> 私は副所長と話がしたいのですが。

1) (Deber _____) haber estudiado más antes del examen.
   君たちは、試験前にもっと勉強しておくべきだったろう。

2) ¿Yo (poder _____) hacerle a usted una pregunta?
   一つ質問してもいいでしょうか。

3) ¿(Querer _____) ustedes echarme una mano?
   あなた方は私を手伝ってくださいますか。

¡Un poco más!

1 動詞を直説法線過去か、接続法過去にしましょう。

例 Le aconsejó que lo (consultar → consultara) con el abogado.
弁護士にそれを相談するように彼に助言した。

1) Me di cuenta de que aquel señor de las gafas me (mirar   ).
2) Era evidente que Carmen (aprobar   ) el examen.
3) El perro sintió que (acercarse   ) alguien y empezó a ladrar.
4) Si Pedro nos (pedir   ) perdón, le perdonaríamos.
5) Carlos iba al colegio a pie a menos que (estar   ) enfermo.
6) No tomes más copas. No (deber   ) beber tanto.
7) José quería hablar un inglés perfecto para que no se (notar   ) ningún acento extranjero.
8) El abuelo siempre me dejaba hacer lo que (querer   ).
9) Cuando yo (ser   ) niña, me molestaba que mi madre me (peinar   ).
10) El jefe me mandó que (acompañar   ) al cliente hasta el aeropuerto.

2 日本語に訳しましょう。

1) Es duro subir esta cuesta en bicicleta. ¡Ojalá tuviera motor esta bicicleta!

2) Si yo fuera un pájaro, podría volar hasta donde estás.

3) Aunque pudiera convencerla de mi inocencia, sería posible que sospechara de mí de nuevo.

3 接続法過去を使って、スペイン語に訳しましょう。

1) その村にはロシア語が話せる人は誰もいなかった。

2) ヌリアはアルハンブラ宮殿 (La Alhambra) を訪ねるよう私に勧めた。

3) 誰にも手伝ってもらわず (sin que)、私は報告書を書き終えた (terminar de + 不定詞)。

第25章 接続法過去

117

第26章 複合時制（完了時制）

→ 解答例・解説はP.192

1 動詞を直説法過去完了に活用させましょう。

例 hablar　　　　　(yo　　　había hablado　　　　)

1) tomar　　　　(yo　　　　　　　　　　　)
2) aprender　　(tú　　　　　　　　　　　)
3) volver　　　　(ellos　　　　　　　　　　　)
4) decir　　　　(vosotros　　　　　　　　　　　)
5) escribir　　　(Ud.　　　　　　　　　　　)
6) casarse　　　(nosotros　　　　　　　　　　　)
7) irse　　　　(yo　　　　　　　　　　　)
8) ponerse　　　(Uds.　　　　　　　　　　　)

2 動詞を直説法過去完了に活用させましょう。

例 Cuando terminé la tarea ya (empezar → había empezado) el programa.
　私が仕事を終えたとき、番組はすでに始まっていた。

1) A las cinco de la tarde yo lo (terminar　　　　　　) todo.
　私は5時に全てを終わらせていた。
2) Cuando llegué a la estación ya (salir　　　　　　) el tren.
　私が駅に着いたとき列車はすでに出発していた。
3) No pudimos contarles nada porque ya (marcharse　　　　　　).
　彼らはすでに立ち去っていたので、私たちは彼らに何も話すことができなかった。
4) Su madre me dijo que (llegar　　　　　　) a casa hacía un rato.
　彼女の母親は、彼女が少し前に帰宅したと私に言った。
5) Lo (ver　　　　　　) varias veces. 私たちはそれを幾度か見たことがあった。
6) Cuando me levanté mis padres todavía no (desayunar　　　　　　).
　私が起きたとき、両親はまだ朝食をとっていなかった。
7) ¿Hasta entonces no (estar　　　　　　) en París?
　そのときまで君たちはパリに行ったことがなかったのかい。
8) El doctor me preguntó si (dormir　　　　　　) bien.
　その医者は私によく眠れたか尋ねた。
9) Nunca (hablar　　　　　　) con él. 私は彼と話したことはなかった。
10) Perdió el anillo que le (regalar　　　　　　) su marido.
　彼女は夫がくれた指輪を失くした。

3 動詞を直説法未来完了に活用させましょう。

| 例 | hablar | (yo | habré hablado |) |

1) cantar　　　　(yo　　　　　　　　　　　　　　　)
2) recibir　　　　(tú　　　　　　　　　　　　　　　)
3) romper　　　　(Ud.　　　　　　　　　　　　　　)
4) abrir　　　　　(nosotros　　　　　　　　　　　　)
5) morirse　　　 (ellas　　　　　　　　　　　　　　)

4 動詞を直説法未来完了に活用させましょう。

| 例 | ¿Qué le (pasar → habrá pasado)? 彼に何があったのだろうか。 |

1) A las seis (empezar　　　　　　　　　　) el partido.
　6時には試合は始まっているだろう。
2) Ustedes ya (estar　　　　　　　　　　) en Toledo.
　もうあなた方はトレドにいらっしゃったことがあるんでしょうね。
3) Cuando lleguemos a Madrid, (dejar　　　　　　　　　) de llover.
　私たちがマドリードに着くころには、雨は上がっているだろう。

5 動詞を直説法過去未来完了に活用させましょう。

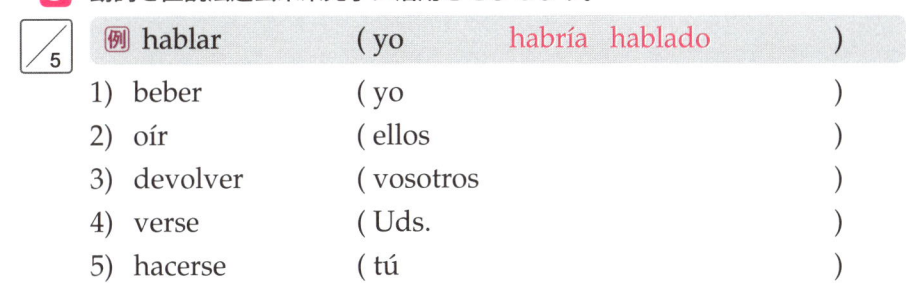

| 例 | hablar | (yo | habría hablado |) |

1) beber　　　　(yo　　　　　　　　　　　　　　　)
2) oír　　　　　 (ellos　　　　　　　　　　　　　　)
3) devolver　　 (vosotros　　　　　　　　　　　　)
4) verse　　　　(Uds.　　　　　　　　　　　　　　)
5) hacerse　　　(tú　　　　　　　　　　　　　　　)

6 動詞を直説法過去未来完了に活用させましょう。

| 例 | A las cinco el niño (terminar → habría terminado) los deberes.
その子は5時には宿題を終わらせていただろう。 |

1) Nos dijeron que antes de las diez (tomar　　　　　　　) una decisión.
　彼らは10時前には決定をくだしているだろうと私たちに言った。
2) Creyó que (comer　　　　　　　　　) paella alguna vez.
　君たちがこれまでにパエリアを食べたことがあるのだろうと彼は思った。
3) Suponía que (llegar　　　　　　　　　) a un acuerdo para el mes siguiente.
　翌月までに私たちは合意に達しているだろうと私は思っていた。

第26章 複合時制（完了時制）

119

7 動詞を接続法現在完了に活用させましょう。

| 例 hablar | (yo | haya hablado |) |

1) comprar (yo)
2) vender (nosotros)
3) resolver (Ud.)
4) cubrir (tú)
5) afeitarse (ellos)

8 動詞を接続法現在完了に活用させましょう。

例 Es posible que ya (irse → se hayan ido) ellos.
彼らはすでに帰ってしまったかもしれない。

1) Me alegro de que por fin me (decir   ) la verdad.
   ついに君が本当のことを言ってくれて私は嬉しい。
2) Aquí no hay nadie que (hablar   ) con él.
   ここには彼と話したことがある人は誰もいない。
3) Me molesta que no (cumplir   ) la promesa.
   君たちが約束を果たさなかったことを私は不快に思う。

9 動詞を接続法過去完了に活用させましょう。

| 例 hablar | (yo | hubiera / hubiese hablado |) |

1) acabar (Uds.)
2) saber (vosotros)
3) proponer (tú)
4) rehacer (nosotros)
5) caerse (yo)

10 動詞を接続法過去完了に活用させましょう。

例 No conocía a nadie que (trabajar → hubiera trabajado) aquí.
私はここで働いたことのある人を誰も知らなかった。

1) Me habló como si lo (hacer   ) él por sí solo.
   彼はまるでそれを自分一人でしたかのように私に話した。
2) Era imposible que lo (terminar   ) antes de las nueve.
   9時前に君たちがそれを終わらせているのは不可能だった。
3) Como no tenía tiempo no lo pude comprar.
   ¡Ojalá lo (comprar   )!
   時間がなくてそれを買いそびれた。買っていればなあ！

¡Un poco más!

1 動詞を直説法過去完了、直説法未来完了、直説法過去未来完了、接続法現在完了、接続法過去完了のいずれかに活用させましょう。

例　Yo dudaba que (preparar → hubiera preparado) él un examen.
　　私は彼が試験勉強をしたか疑っていた。

1) Me dijo que (resolver　　　　　　　　　) el problema para el estreno.
　 彼女は初演までには問題を解決しているだろうと私に言った。

2) Es imposible que lo (preparar　　　　　　　) todo para la Navidad.
　 君たちがクリスマスまでに全てを準備しておくのは不可能だ。

3) Sintió que no (poder　　　　　　　　) venir a la fiesta.
　 君がパーティーに来られなかったことを彼は残念がった。

4) Cuando regrese mi madre yo (acabar　　　　　　　) los deberes.
　 お母さんが帰るころには私は宿題を終えているだろう。

5) Cuando llegué a casa ya (empezar　　　　　　　) el programa.
　 私が帰宅したとき、その番組はもう始まっていた。

2 条件文を作りましょう。

例　お金があれば、私は車を買う。(実現可能な単純条件文)
　　→ Si yo tengo dinero, compro un coche.
　　お金があれば、私は車を買うのだが。(現在の非現実的条件文)
　　→ Si yo tuviera dinero, compraría un coche.
　　お金があったら、私は車を買ったのだが。(過去の非現実的条件文)
　　→ Si yo hubiera tenido dinero, habría comprado un coche.

1) 勉強すれば、私は試験に合格する (aprobar)。(実現可能な単純条件文)

2) 勉強すれば、私は試験に合格するのだが。(現在の非現実的条件文)

3) 勉強していたら、私は試験に合格したのだが。(過去の非現実的条件文)

4) 天気が良ければ、彼らは遠足に行く (ir de excursión)。(実現可能な単純条件文)

5) 天気が良ければ、彼らは遠足に行くのだが。(現在の非現実的条件文)

6) 天気が良かったら、彼らは遠足に行ったのだが。(過去の非現実的条件文)

第27章 数詞

→ 解答例・解説は P.194

1 数字をスペイン語で書きましょう。

例 841 (ochocientos cuarenta y uno)
1) 11 ( )
2) 23 ( )
3) 102 ( )
4) 515 ( )
5) 1.100 ( )
6) 8.367 ( )
7) 10.000 ( )
8) 64.278 ( )
9) 100.000 ( )
10) 1.000.000 ( )

2 スペイン語の間違いを直して書きかえましょう。

例 cincuenta y uno pesos 51ペソ → cincuenta y un pesos

1) ochenta seis euros　86ユーロ

2) dieziocho alumnos　18人の生徒

3) uno gato　1匹のオス猫

4) dos miles yenes　2,000円

5) ciento dólares　100ドル

6) trescientos doce mujeres　312人の女性

7) dos millones habitantes　200万の人口

8) el año un mil novecientos setenta y cuatro　1974年

122

3 10までの序数をスペイン語で書きましょう。

例 1° (　　　primero　　　)

1) 2° (　　　　　　)　2) 3° (　　　　　　)
3) 4° (　　　　　　)　4) 5° (　　　　　　)
5) 6° (　　　　　　)　6) 7° (　　　　　　)
7) 8° (　　　　　　)　8) 9° (　　　　　　)
9) 10° (　　　　　　)

4 序数を入れましょう。

例 la (　　　tercera　　　) parte　第3部

1) la (　　　　　　) oportunidad　2度目のチャンス
2) la (　　　　　　) lección　第7課
3) el siglo (　　　　　　)　4世紀
4) el (　　　　　　) ministro　首相
5) la (　　　　　　) dama　ファーストレディ

5 ローマ数字の読み方を序数でつづりましょう。

例 IV (　　　cuarto　　　)

1) I (　　　　　　)　2) III (　　　　　　)
3) V (　　　　　　)　4) VII (　　　　　　)
5) IX (　　　　　　)　6) X (　　　　　　)

6 ローマ数字の読み方を基数でつづりましょう。

例 XI (　　　once　　　)

1) XII (　　　　　　)　2) XV (　　　　　　)
3) XIX (　　　　　　)　4) XXIV (　　　　　　)
5) L (　　　　　　)　6) M (　　　　　　)

7 日本語に訳しましょう。

1) la II Guerra Mundial　(　　　　　　)
2) Alfonso X el Sabio　(　　　　　　)
3) el siglo XXII　(　　　　　　)
4) Carlos V　(　　　　　　)
5) el tomo VIII　(　　　　　　)

第27章　数詞

8 分数の読み方をスペイン語で書きましょう。

例　3/4　(　tres cuartos　)　　1/9　(　un noveno　)

1) 1/5　(　　　　　　　　　　　)
2) 1/3　(　　　　　　　　　　　)
3) 1/2　(　　　　　　　　　　　)
4) 5/8　(　　　　　　　　　　　)
5) 3/10　(　　　　　　　　　　　)

9 計算式の読み方をスペイン語で書きましょう。

例　3＋4=7　　　　　(Tres y cuatro son siete.)
　　10－8=2　　　　(Diez menos ocho son dos.)
　　2×3=6　　　　　(Dos por tres son seis.)
　　12÷3=4　　　　(Doce entre tres son cuatro.)
　　50÷6=8余り2　(Cincuenta entre seis son ocho y sobran dos.)

1) 13＋8=21　(　　　　　　　　　　　)
2) 10－6=4　(　　　　　　　　　　　)
3) 3×3=9　(　　　　　　　　　　　)
4) 20÷4=5　(　　　　　　　　　　　)
5) 83÷2=41余り1　(　　　　　　　　　　　)

10 小数の読み方をスペイン語で書きましょう。

例　2,5　　　　(　dos coma cinco　)

1) 0,8　(　　　　　　　　　　　)
2) 1,3　(　　　　　　　　　　　)
3) 16,6　(　　　　　　　　　　　)
4) 22,7　(　　　　　　　　　　　)
5) 34,9　(　　　　　　　　　　　)

11 日本語に訳しましょう。

1) media docena de botellas de vino tinto　(　　　　　　　　　　　)
2) un par de zapatos　(　　　　　　　　　　　)
3) quince días　(　　　　　　　　　　　)
4) el artículo noveno de la Constitución　(　　　　　　　　　　　)
5) un señor cuarentón　(　　　　　　　　　　　)

¡Un poco más!

1 数詞をスペイン語で書きましょう。

例 Mi primo está en la (quinta) fila.
　　私のいとこは5列目にいる。

1) Tengo tres hermanos. Somos (　　　　　).
   私には3人の兄弟がいます。私たちは4人兄弟です。
2) ¿Habéis visto la famosa película *El* (　　　　　) *hombre*?
   君たちは『第三の男』という有名な映画を見たことがあるかい。
3) Colón llegó a América en (　　　　　　　　　　).
   コロンブスは1492年にアメリカに到着した。
4) La Biblia dice que nuestros (　　　　　) padres son Adán y Eva.
   我々の最初の父と母はアダムとイブであると聖書は言っている。
5) Este piso vale (　　　　　) euros.
   このマンションは10万ユーロです。
6) Es un coche de (　　　　　) mano.
   それは中古車です。
7) Hasta la estación se tarda un (　　　　　) de hora.
   駅まで15分（4分の1時間）かかる。
8) (　　　　　) kilo de naranjas, por favor.
   オレンジを2分の1キロお願いします。
9) (　　　　　) de personas celebraron su triunfo.
   何千もの人々が彼の勝利を祝った。
10) El diez por (　　　　　) de la población viene de África.
    住民の10％がアフリカ出身です。

2 スペイン語に訳しましょう。数字はスペイン語でつづること。

1) 私はノートを50冊ほど買った。

2) 今日は7月7日です。

3) 一年の最初の月は1月だ。

4) 3本目の通りを右に曲がってください。（tú の命令形で）

5) このシルク (seda) のワンピース (vestido) は200ユーロした。

第27章 数詞

125

¿Repasamos? 7 第24章〜第27章

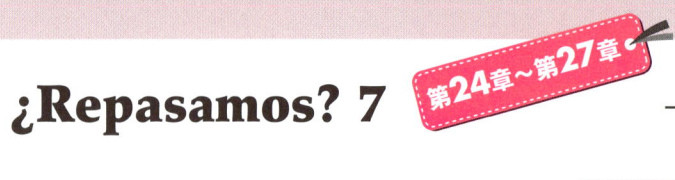

→ 解答例・解説は P.197

1. 質問に答えましょう。　　　　　　　　[señores の省略形]

< Los Srs. Martínez necesitan hacer unos arreglos en su casa. >

El Señor :　Sería mejor que los albañiles 1) venir mientras estemos de viaje. Cuando nosotros 2) regresar, ya nos lo 3) arreglar todo. ¿Qué te parece?

La Señora:　Perfecto. Así, 4) ni nos molestan a nosotros ni nosotros los molestamos a ellos.

1)　venir を接続法過去にしましょう。　　（　　　　　　　　　　　）
2)　regresar を接続法現在にしましょう。　（　　　　　　　　　　　）
3)　arreglar を直説法未来完了にしましょう。（　　　　　　　　　　）
4)　日本語に訳しましょう。

------

2. 日本語に訳しましょう。

1)　Me alegro de que el noveno congreso haya acabado con éxito.

------

2)　Marisa salió anoche, no porque le apeteciera, sino porque tenía que hacerlo.

------

3)　Hazlo como si no hubiera pasado nada.

------

4)　Si me hubieras avisado, habría ido a la estación a recogerte.

------

3. スペイン語に訳しましょう。　　[tú に対する命令形で]

1)　フライパンに油を少し入れて、よく熱しましょう。　[echar]

------

2)　そんなに何度も嘘をついていなかったら、今みんなが君を信じるのに。

------

3)　この都市の人口は200万だ。

------

4)　レンズ豆を半キロ私に買ってきてください。　[lentejas]

[usted に対する命令形で]

126

フェデリコ・ガルシア・ロルカ

　スペインの詩人・劇作家フェデリコ・ガルシア・ロルカ（1898 – 1936）をご存知ですか。アンダルシアの裕福な家庭に生まれたロルカですが、自らを民衆詩人と呼んでいました。数ある作品のなかでも、詩作品では民俗的なモチーフに独自の隠喩をちりばめた『ジプシー歌集』、劇作品では人間の本能の葛藤を扱った三大悲劇『血の婚礼』、『イェルマ』、『ベルナルダ・アルバの家』が、ロルカの代表作と言えるでしょう。ここでは、『ジプシー歌集』から「夢遊病者のロマンセ」を引用しました。密貿易商人である恋人の帰りを待つロマ族の娘が、恋焦がれる気持ちをつのらせ、彼が戻ってくる方角にあるものすべて、緑の山、木々、風などを抱きしめたいと思うようになります。最後には、緑の世界の夢遊病者のようになって、緑色の水草が浮かぶ水溜めに身を躍らせて死んでしまう…というストーリーです。音読してみると、繰り返される verde という語が何とも心地よく響いてきます。

Verde que te quiero verde.
Verde viento. Verdes ramas.
El barco sobre la mar
y el caballo en la montaña.
...

¿Repasamos? 7　第24章〜第27章

解答例・解説

- 文法
- 語彙
- 作文書き換え
- 文化

第1章 文字と発音

P. 6

1 1) b 2) ñ 3) g 4) q 5) h 6) r 7) z 8) w 9) l 10) n 11) i 12) k

2 1) de 2) te 3) e 4) pe 5) o 6) ese 7) uve 8) ekis 9) u 10) jota 11) ce 12) eme

3 1) pe, i, ce, a, ese, ese, o　ピカソ　　2) ce, e, ere, uve, a, ene, te, e, ese　セルバンテス
3) ce, o, ele, o, ene　コロンブス　　4) ge, a, u, de, i　ガウディ
5) cu, u, i, te, o　キト　📖エクアドルの首都
6) ka, i, o, te, o　京都　　7) be, a, ere, ce, e, ele, o, ene, a　バルセロナ
8) uve doble, a, ese, hache, i, ene, ge, te, o, ene　ワシントン

4 1) gato 猫　　2) agua 水　　3) perro 犬　　4) madre 母　　5) libro 本
6) jarra 水差し　7) vino ワイン　8) pez 魚　9) bar バル　10) hijo 息子

5 1) Pa̱raguay　パラグアイ　　2) Ecua̱dor　エクアドル　　3) Espa̱ña　スペイン
4) Guatema̱la　グアテマラ　　5) Urugua̱y　ウルグアイ　　6) El Salvado̱r　エルサルバドル
7) Hondu̱ras　ホンジュラス　　8) Argenti̱na　アルゼンチン　　9) Panamá　パナマ
10) Venezue̱la　ベネズエラ　　11) Cu̱ba　キューバ　　12) Boli̱via　ボリビア
13) Chi̱le　チリ　　14) Nica̱ragua　ニカラグア　　15) México　メキシコ
16) Colo̱mbia　コロンビア　　17) Co̱sta Ri̱ca　コスタリカ
18) Repú̱blica Domini̱cana　ドミニカ共和国

6 📖母音には強母音（開母音とも言う）a, e, o と弱母音（閉母音とも言う）i, u がある。二重母音になる母音の組み合わせは「強母音＋弱母音」（ai など）、「弱母音＋強母音」（ua など）、「弱母音＋弱母音」（iu など）のいずれか。三重母音になる母音の組み合わせは「弱母音＋強母音＋弱母音」（iai など）のみ。
1) ○　　2) ○　　3) ○　　4) ○
5) ×　📖強母音の e, a が連続しているので三重母音にならない。
6) ○　　7) ○　　8) ×　📖強母音の a, e が連続しているので二重母音にならない。
9) ○　　10) ○　　11) ○　　12) ○
13) ○　📖語末の y は [i] と発音されて音声上は母音扱いとなる。
14) ○　　15) ×　📖強母音の o, e が連続しているので二重母音にならない。

7 1) なし　詩人　　2) ruido　騒音
3) ley　法律　📖語末の y は [i] と発音されて音声上は母音扱いとなる。
4) なし　国　📖弱母音 i, u はアクセント符号がつくと、強母音として扱われる。
5) なし　考え　　6) aeropuerto　空港　　7) なし　劇場
8) pie　足　🔤pie は足首から下、それより上は pierna と言う。
9) Paraguay　パラグアイ　　10) なし　カオス　　11) cigüeña　コウノトリ

12) なし パエリア　📖 ll は二重字で、音声上 1 文字扱いをする。　13) c<u>u</u>erno つの
14) b<u>u</u>ey 去勢牛　📖 語末の y は [i] と発音されて音声上は母音扱いとなる。
15) med<u>i</u>odía 正午

8　📖 二重子音の種類：pr, br, tr, dr, cr, gr, fr, pl, bl, cl, gl, fl
1) <u>pr</u>ueba 証拠　　　2) <u>cr</u>ema クリーム
3) なし 男の子　📖 ch は二重字で、音声上 1 文字扱いをする。
4) なし 学生　　5) なし イスラエル　　6) <u>gr</u>ipe インフルエンザ
7) <u>br</u>eve 短い　　8) なし 満足した　　9) なし 通り
10) <u>gl</u>obo 地球　　11) a<u>z</u>afrán サフラン　　12) なし レストラン
13) なし アリ　　14) <u>dr</u>ama ドラマ　　15) cons<u>tr</u>ucción 建設

9　📖 音節には必ず母音が 1 つ含まれる。　例 ca|sa　二重母音、三重母音にならない母音が連続する場合、音節は母音間で分かれる。　例 i|de|a　母音間に子音がある場合、1 つを後の母音につけ、残りがあれば前の母音につける。　例 cons|cien|cia
1) po|e|ma 詩　　2) le|ón ライオン　　3) pan パン　📖 pan は 1 音節
4) cho|co|la|te チョコレート　5) que|so チーズ　6) ma|es|tro 先生
7) pa|si|llo 廊下　　8) za|na|ho|ria 人参　　9) la|drón 泥棒
10) llu|via 雨　　11) dios 神　📖 dios は 1 音節
12) fa|cul|tad 大学の学部　13) buey 去勢牛　📖 buey は 1 音節
14) ho|ri|zon|te 地平線　　15) boi|na ベレ帽

10　📖 母音または s, n で終わる語の場合、後ろから二番目の母音を強く読む。s, n 以外の子音で終わる語の場合、最後の母音を強く読む。アクセント符号がある場合は必ずそこを強く読む。
1) estación 駅　　2) María マリア　　3) Cádiz カディス
4) árbol 木　　5) sábado 土曜日　　6) página ページ
7) Canadá カナダ　　8) pimentón パプリカ　　9) sandía スイカ
10) maíz とうもろこし　11) víctima 犠牲者　12) bolígrafo ボールペン
13) volcán 火山　　14) jardín 庭　　15) sofá ソファー

¡Un poco más!

P. 9

1　1) <u>c</u>ero（数字の）ゼロ　📖 <u>c</u>ero は [s] または [θ] の音で、それ以外は [k] の音。
2) <u>d</u>edo 指　📖 <u>d</u>edo は [d] の音で、それ以外の語末の d はほとんど発音されない。
3) <u>l</u>ana 羊毛　📖 <u>l</u>ana は [l] の音で、それ以外は日本語のリャ行またはジャ行の音。
4) <u>g</u>allo 雄鶏　📖 <u>g</u>allo は [g] の音で、それ以外はのどの奥から息を強く出すハ行の音。

2　1) <u>wh</u>isky ウイスキー　📖 queso と whisky は [k] の音で、それ以外は [s] または [θ] の音。
2) <u>X</u>ochimilco ソチミルコ　📖 <u>x</u>ilófono と <u>X</u>ochimilco は [s] の音で、México はのどの奥か

ら息を強く出すハ行の音、o<u>x</u>ígeno と ta<u>x</u>i は [ks] の音。 🏛ソチミルコは、メキシコの首都メキシコシティー南東部に位置する水郷で、現在は歴史地区とともに世界遺産に登録されている。

3) pe<u>r</u>a 洋なし 📝 mo<u>r</u>eno と pe<u>r</u>a は [r] の音で、それ以外は巻き舌音。

4) <u>g</u>ente 人々 📝 <u>j</u>amón と <u>g</u>ente はのどの奥から息を強く出すハ行の音で、それ以外は [g] の音。

3
1) <u>muy</u> とても 📝muyは1音節

2) ho|<u>rro</u>|ro|so おそろしい 📝 rr は巻き舌音で、r と音の区別をするために文字を2つ重ねて書くが、1文字扱いをする。語頭の巻き舌音は単独の r で表すので、rr が語頭で用いられることはない。

3) cir|cuns|<u>tan</u>|cia 状況 📝母音間の2つ以上の子音は、最後の1つの子音のみが後ろの母音と結びつく。

4) lin|<u>güís</u>|ti|ca 言語学　　5) as|cen|<u>sor</u> エレベーター
6) des|cu|bri|<u>mien</u>|to 発見　　7) cons|<u>cien</u>|te 意識している
8) mur|<u>mu</u>|llo つぶやき 📝 ll は二重字で、音声上1文字扱いをする。
9) sub|ma|<u>ri</u>|no 潜水艦　　10) es|truc|<u>tu</u>|ra 構造
11) ex|cur|<u>sión</u> 遠足　　12) ca|le|fac|<u>ción</u> 暖房
13) al|mo|<u>ha</u>|da 枕　　14) con|clu|<u>yen</u>|te 決定的な
15) fe|<u>rro</u>|ca|rril 鉄道　　16) re|con|<u>quis</u>|ta 再征服
17) ha|<u>blan</u>|te 話者　　18) ver|<u>güen</u>|za 恥
19) al|co|<u>hol</u> アルコール　　20) tor|<u>ti</u>|lla スペイン風オムレツ
21) nom|bra|<u>mien</u>|to 指名

第2章 名詞・冠詞・形容詞

P. 10

1
1) **女性名詞** 家　　2) **男性名詞** ノート　　3) **男性名詞** おじ
4) **女性名詞** 教授、先生　　5) **男性名詞** 太陽　　6) **女性名詞** 歌
7) **女性名詞** 手　　8) **男性名詞** 気候　　9) **男性名詞** 言語
10) **女性名詞** 機会　　11) **女性名詞** オートバイ 🔤motocicleta の省略形
12) **女性名詞** 都市　　13) **男性名詞** 正午
14) **男性名詞・女性名詞** 芸術家 📝男女同形名詞

2
1) **hermano** 兄、弟　　2) **gata** 雌猫　　3) **abogado**（男性の）弁護士
4) **abuelo** 祖父　　5) **perro** 雄犬　　6) **esposa** 妻
7) **turista** 観光客 📝男女同形名詞　　8) **señor** 紳士
9) **joven** 若者 📝男女同形名詞　　10) **doctora**（女性の）博士
11) **princesa** 王女　　12) **mujer** 女性　　13) **madre** 母
14) **portugués** ポルトガル人男性

132

3 　1) **toallas** タオル　　2) **camisa** シャツ
3) **lápiz** 鉛筆　📖 zで終わる名詞の複数形は、z → ces となる。　例 pez 魚 → peces
4) **zapatillas** スリッパ　🔤 zapatilla は「スリッパの片方」
5) **domingos** 日曜日　🔤 曜日を複数形にすると「毎週〜」
6) **postal** 絵はがき　　7) **noches** 夜　　8) **paraguas** 傘　📖 単複同形名詞
9) **animales** 動物　　10) **huéspedes** 宿泊客
11) **inglés** イギリス人男性　📖 最後の音節にアクセント符号がつく名詞は、複数形になるとアクセント符号が不要になる。
12) **estación** 駅　📖 最後の音節にアクセント符号がつく名詞は、複数形になるとアクセント符号が不要になる。
13) **caracteres** 特徴　📖 ca-rác-ter → ca-rac-te-res, ré-gi-men → re-gí-me-nes などは、複数形になると強く読む音節がひとつ後ろへ下がる。
14) **exámenes** 試験　📖 e-xa-men は後ろから2音節め xa を強く読む。しかし複数 e-xa-me-nes になると音節が1つ増え、アクセント符号をつけないと後ろから2音節目の me を強く読むことになってしまう。強く読む音節を維持するため、e-xá-me-nes とアクセント符号をつけて xa を強く読ませる。
15) **jueves** 木曜日　📖 単複同形名詞　🔤 曜日を複数形にすると「毎週〜」
16) **crisis** 危機　📖 単複同形名詞

4 　1) **un** 孫　　2) **una** ウェイトレス　　3) **unas** サンダル　　4) **un** バス
5) **un** ジュース、果汁　　6) **unas** メガネ　　7) **unas** 部屋　　8) **un** 日
9) **una** 貴婦人　　10) **unos** 病院　　11) **unos / unas** 生徒　📖 男女同形名詞
12) **unos** 問題　　13) **un** 時計
14) **un** 鳥　📖 アクセントのある a-, ha- で始まる女性名詞は、[a] の音の連続を避けるために不定冠詞 un をつけるのが一般的である。例 un aula「教室」

5 　1) **los** 2人以上の父親、両親　🔤 男性複数で男女一組を表すことができる。　例 los padres「両親」、los tíos「おじ夫婦」
2) **las** 意見　　3) **la** 財布　　4) **el** エンジニア　　5) **las** 授業
6) **el** 縁なし帽子　　7) **la** 村　　8) **los** 木　　9) **los** 日本人男性
10) **la** テレビ　　11) **la** 人々
12) **el** 斧　📖 アクセントのある a-, ha- で始まる女性名詞は、[a] の音の連続を避けるために定冠詞 el をつける。× la águila → ○ el águila「ワシ」 ただし複数形になると las をつける。　例 las águilas
13) **el** 気候　　14) **el** 列車

6 　1) **latina**　　2) **difíciles**　　3) **derecha**　　4) **socialista**
5) **verde**　　6) **felices**　　7) **última**　　8) **cortos**
9) **azul**　　10) **única**

7 　1) **los programas divertidos**　　2) **unas chicas morenas**

3) un buen profesor 📖 bueno は男性単数名詞の前で語尾 o が脱落して buen となる。

4) el coche alemán

8 **1) tercer** 📖 tercero は男性単数名詞の前で語尾 o が脱落して tercer となる。 🏛 スペインでは 1 階を (piso) bajo とするので、tercer piso は日本の 4 階にあたる。

2) buenas　　　**3) hermosas**　　　**4) complicada**

5) cansadas 📖 cansadas は主語の状態を説明する形容詞で、主格補語と呼ばれる。日本語に訳すときは副詞のように訳すが、形容詞なので主語 mi madre y mi hermana に合わせて性数変化をする。

9 **1)** a. 体の大きい男性
　　b. 偉大な男性　📖 grande は単数名詞の前で語尾 de が脱落して gran となる。

2) a. 貧しい女性　　　　　b. かわいそうな女性

3) a. 年配の友人　　　　　b. 旧友

4) a. 背の高い公務員　　　b. 高官、上級公務員

¡Un poco más!

P. 13

1 1) (男) 資本　　　(女) 首都　　　2) (男) 男性警察官　　(女) 警察署、女性警察官

3) (男) 順序、秩序　(女) 命令　　　4) (男) 正面　　　　　(女) ひたい

2 **1) El, el**　今月 2 日の月曜日、アメリカ合衆国大統領が日本へ来る。

2) los　私の兄は 50 歳で初めて結婚する。 🔤 por primera vez 「初めて」 🔤 時点を表す a 「〜のとき」

3) ×　今日は 4 月 16 日だ。

4) unos、または×　あそこに（何本か）ボールペンがあります。誰のものか知っていますか。
📖 存在を表す hay 「〜がある」は 3 人称単数で用いられる。名詞は不定冠詞、数詞とともに、あるいは無冠詞で使われる。

5) Los, ×　猫は動物だ。　📖 animales は主語 los gatos が属するグループを表し、無冠詞となる。 例 Los melocotones son frutas. 桃は果物だ。

6) la, ×　君たちは明日スペイン語の授業に出席しますか。 📖「名詞 + de + 名詞」の句で、後ろの名詞が前の名詞の種類を表している場合、後ろの名詞には冠詞をつけない。 例 el dolor de cabeza「頭痛」、el cinturón de seguridad「シートベルト」

7) La , un　16 世紀のスペインは大帝国になった。 🔤 llegar a ser 「〜になる、〜になるにいたる」
📖 地名が修飾されたり限定されているときは、ふつう定冠詞をつける。

8) ×　おはよう、ペレスさん。お元気ですか。 📖 呼びかけのときは、定冠詞をつけず señor Pérez とする。

3 **1) Los señores López viajan por Buenos Aires.**

2) **En el pueblo viven sólo unos mil habitantes. / En el pueblo sólo viven unos mil habitantes.**　📝数詞の前に不定冠詞 unos, unas をつけると「およそ〜」となる。

3) **Los bancos están abiertos hasta las tres de la tarde.**

4) **El paciente tiene cáncer de pulmón.**　📝cáncer は具体的な癌「その癌」「例の癌」ではなく、グループ、種類「癌というもの」を表すので無冠詞。　📝「名詞 + de + 名詞」の句で、後ろの名詞が前の名詞の種類を表している場合、後ろの名詞には冠詞をつけない。pulmón は癌の種類を表すので無冠詞。

第3章　主格人称代名詞と SER・ESTAR・HAY

P. 14

1　📝聞き手を指す主格人称代名詞は、単数形に tú と usted、複数形に vosotros/tras と ustedes がある。tú と vosotros/tras は主に友人、家族、職場の同僚など親しい間がらで使われ、usted と ustedes は目上の人や心理的に距離を置きたい相手に使われる。　🏛使い方には地域差があり、中南米では複数の相手に対して vosotros/tras を使わず、ustedes のみを使う。

1) **yo**　📝文頭に現れるときのみ大文字になる。
2) **tú**　　　3) **ella**　　　4) **vosotros / vosotras**　　　5) **ellos**
6) **ustedes**　📝usted を略して Ud.（または Vd.）、ustedes を略して Uds.（または Vds.）と書くことがある。

2　📝主語が複数の場合、1人でも男性がいれば男性複数の人称代名詞を使う。
1) **nosotros**　　2) **ustedes**　　3) **nosotras**　　4) **ellos**　　5) **vosotros**

3　1) **Él**　　　2) **Vosotros**　　　3) **ella**
4) **Ustedes**　🔤ser de + 地名「〜出身である」　🔤ser muy amigos「とても仲が良い」
5) **Ellos**
6) **Yo**　🔤estar contento con「〜に満足している」
7) **Tú**　📝trabajadora が女性形なので、主語の tú は女性だと分かる。
8) **Nosotras**　📝compañeras と secretarias が女性複数形なので、主語は3人とも女性だと分かる。

4　1) **Sois**
2) **eres**　📝形容詞 simpática が女性形なので、tú は女性だと分かる。
3) **son**　🔤ser de + 人「〜のものだ」
4) **es**　🔤ser は場所や日時を表す語句とともに用いて、「〜で（に）ある、起こる、開催される」
5) **es**

5　1) **están**　　　2) **está**　　　3) **está**　　　4) **estáis, Estamos**
5) **están**　🔤estar orgulloso de「〜を自慢に思う」

📝=文法　🔤=語彙　💡=作文書き換え　🏛=文化　135

6 🔖hay は haber の 3 人称単数現在「（人や事物の有無）〜がいる、ある」で、人や事物が複数でも変化しない。

    1) Hay, treinta   2) hay, unos   3) hay, un   4) Hay, dos

    5) Hay, una

7 1) somos

    2) está   🔤a「（距離や方角）〜で、〜に」

    3) está   🔤estar lleno de「〜で満たされている」

    4) están   🔤estar de vacaciones「休暇中である」

    5) son   🔖時刻は「ser + 女性定冠詞 + 数字」で表す。1 時のみ単数扱いをする。例 Es la una. 1 時です。Son las dos. 2 時です。

8 🔖hay は人や事物の存在の有無を表し、無冠詞か、不定冠詞または数量詞を伴う。estar は既知の人や事物の所在を表し、定冠詞、指示形容詞（este「この」など）、所有形容詞（mi「私の」など）を伴う。

    1) Hay

    2) estamos   🔤cerca de「〜の近くに（で）」⇔ lejos de「〜から遠くに（で）」

    3) hay   🔤detrás de「〜の後ろに（で）、裏手に（で）」⇔ delante de「〜の前に（で）」

    🔤Correos は la oficina de Correos の略。

    4) hay   5) está

9 1) **En el jardín hay un árbol viejo. / Hay un árbol viejo en el jardín.**

    2) **Somos cinco hermanos.**

    3) **El despacho está al fondo.**   🔤al fondo「つきあたりに」

    4) **Las naranjas son de Valencia.**   🔤ser de + 地名「〜出身・産である」

    5) **Los vasos están vacíos.**

¡Un poco más!

P. 17

1 1) a. そのスープは冷製だ。   b. そのスープは冷めている。

    2) a. カルメンは明るい。   b. カルメンは楽しそうだ。

    3) a. その学生たちは賢い。   b. その学生たちは準備ができている。

    4) a. その先生は美人だ。   b. その先生はおしゃれをしている。

    5) a. その男性は神経質だ。   b. その男性はいらいらしている [落ち着かない]。

2 1) **está**   彼女はフアンに腹を立てている。   🔤estar enojado con「〜に腹を立てている」

    2) **soy**   私はサッカーファンだ。   🔤ser aficionado a「〜のファン、愛好家である」

    3) **es**   海の水は飲めない。

    4) **hay**   大学の近くに考古学博物館がある。   🔤cerca de「〜の近くに（で）」

5) **son** その男の子のコートと帽子は黒い。

6) **es** シードルはリンゴからできている。 🆎 ser de + 材料「～でできている」

7) **estamos** 今は梅雨だ。 📖 1人称複数を用いて、「ある時点・時期にいる」を表す。 例 Estamos a cinco de mayo. 今日は5月5日だ。 Estamos en primavera. 今は春だ。

8) **hay** 今晩いくつかおもしろい番組がある。

3 1) **Él es de Granada y es camarero.** 📖「ser + 身分・職業を表す名詞」では、一般的に名詞の前は無冠詞。 例 私は学生です。 Soy estudiante.

2) **La reunión es en la quinta planta.** 🆎「5階」は el quinto piso ともいう。 🏛 スペインでは日本の1階にあたるのが planta baja [(piso) bajo]、2階が primera planta [primer piso]、3階が segunda planta [segundo piso] となる。

3) **En el balcón hay cinco tiestos.** 🆎「植木鉢」は maceta とも言う。

4) **Ahora los pasajeros están en la sala de espera.**

第4章 直説法現在

P. 18

1 1) **fuman** たばこを吸う　　2) **debe** (+ 不定詞) ～しなければならない
3) **cambio** 変える、変わる　　4) **abrimos** 開く、開ける
5) **insiste** 固執する　　6) **limpias** きれいにする
7) **lee** 読む　　8) **cubren** 覆う　　9) **vendéis** 売る
10) **cojo** つかむ、取る 📖 coger は 1 人称単数で綴りが変わる。 × cogo → ○ cojo
11) **toca** 触る、弾く　　12) **reciben** 受け取る

2 1) **entrar** 入る　　2) **correr** 走る　　3) **existir** 存在する
4) **necesitar** 必要とする　　5) **prometer** 約束する　　6) **decidir** 決める
7) **permitir** 許す　　8) **creer** 信じる　　9) **regalar** 贈る
10) **romper** 壊す　　11) **pagar** 支払う　　12) **dirigir** 指導する、向ける

3 1) **parten** 🆎 para「～へ向かって」
2) **asistís** 🆎 asistir a「～に出席する」
3) **llevo**　　4) **cose**
5) **viajas** 📖 主格補語 sola は副詞のように訳すが、形容詞なので主語に性数を一致させる。この場合 sola の形から、主語 tú が女性単数だとわかる。

4 1) **cerráis** 閉まる、閉める　　2) **resuelve** 解決する　　3) **sirve** (食事などを) 出す、役立つ
4) **pierden** 失う　　5) **juega** 遊ぶ　　6) **recuerdas** 思い出す、覚えている
7) **siente** 感じる、残念に思う　　8) **entienden** 理解する　　9) **mueres** 死ぬ

10) pide 頼む、注文する　　11) envío 送る　　12) oyen 聞こえる

5　1) comenzar 始まる、始める　2) elegir 選ぶ　3) volver 戻る
4) encontrar 見つける、出会う　5) medir 測る　6) soler (+ 不定詞) いつも〜する
7) envolver 包む　8) calentar 熱する、暖める　9) vestir 着せる
10) dar 与える　11) caber 入り得る　12) venir 来る

6　1) Quiere 🔤querer + 不定詞「〜しませんか」 疑問文で勧誘・丁寧な依頼
2) cuesta　　3) duermen
4) prefiero 🔤preferir … a 〜「〜よりも … を好む」
5) podemos 🔤poder + 不定詞「〜してもよい」1人称を主語にして、相手に許可を求める。
6) servís　　7) empieza

7　1) van 🔤ir de excursión「遠足・ピクニックに行く」　2) pongo
3) caben 🔤más de「〜以上」　4) viene
5) traigo　　6) salís　　7) tienes

8　1) Las hermanas siempre ayudan a sus padres. / Las hermanas ayudan a sus padres siempre.

2) Nosotros tenemos que mantener la paz.　🔤tener que + 不定詞「〜しなければならない」

3) El tren va a llegar a la estación.　🔤ir a + 不定詞「〜しようとしている」

4) Yo recomiendo esta película a los alumnos. / Yo recomiendo a los alumnos esta película.

5) El niño prefiere leer libros a ver la televisión.　🔤preferir … a 〜「〜よりも … を好む」

¡Un poco más!

P. 21

1　1) enciendes　アンドレア、明かりをつけてくれますか。　🔤¿por qué no …?「(親しい間柄での勧誘・依頼) 〜しませんか、〜してくれませんか」

2) sentimos　私たちはパーティに行けなくて残念だ。　🔤sentir + 不定詞「〜を残念に思う」

3) cuesta　私の上司を説得するのは骨が折れる。　🔤costar trabajo「手間がかかる、骨が折れる」　📖convencer a mi jefe「私の上司を説得すること」が主語となる。

4) llega　フランシスコ・ザビエルは1549年に鹿児島に着いた。　📖歴史的事実は直説法現在で表す。

5) hacen　新聞の批評は彼を傷つける。　🔤hacer daño「痛みを与える、傷つける」

6) gira　地球は太陽の周りを回っている。　📖不変の真理は直説法現在で表す。

7) suelen　日曜日、子供たちはいつもここでサッカーをする。　🔤soler + 不定詞「よく・いつも〜する」

8) comienzan　この映画はいつ映画館で上映が始まりますか。　🔤comenzar a + 不定詞「〜し始める」　📘３人称複数を使った無人称表現で、主語は話し手、聞き手以外の第三者。

2 1) 君たちは次の月曜日までにこの報告書を提出する必要はない。　🔤no tener que + 不定詞「〜する必要はない」　🔤para は期限を示す前置詞「〜までに」
2) １週間前から私は隣人たちを見ていない。
3) 両親は私が夜外出することを許してくれない。
4) 不幸は決してそれだけではやってこない [泣きっ面に蜂] と言われている。　📘dicen que ３人称複数の無人称表現「〜と言われている」
5) すぐに戻るよ、フアニート。ここで待っていて、いいね。　📘直説法現在は、親しい間柄で命令の代わりに使うことができる。　🔤¿de acuerdo?「いいね、オーケー」

3 1) Ellos van de compras todos los sábados.
2) Mi padre acaba de volver [llegar, regresar] a casa.
3) El propio escrior traduce la obra al inglés.
4) La abuela cuelga el cuadro de su nieto en la pared.
5) Mis amigos piensan viajar por Europa.

¿Repasamos? 1

第1章〜第4章

P. 22
1. Hay, está, está, es, estás, son, Está
　訳) A：見て。会場にたくさん人がいるわ。
　　　B：でも君の友達は退屈なようだね。
　　　A：それはそうよ！だってマノロと一緒だもの。彼ってこの中で一番味も素っ気もない人よ。
　　　B：なるほどね。ところで、今日の君はきれいだね。
　　　A：私にお世辞は要らないわよ。
　　　B：オーケー、分かったよ。

2. 1) エドゥアルドは優等生だが、最近は少しぼんやりしている。
2) コスタリカは中米の２つの小国の間にある。
3) アナは子犬を２匹飼っている。白いほうは病気なので具合が悪そうだ。
4) 来客があるとき、母は新しいテーブルクロスをかける。

3. 1) Ya sé el resultado del concurso.
2) Marcos resuelve los problemas rápido [en seguida] porque es inteligente [listo].　📘porque は一般的に文頭では用いない。　💡Como Marcos es inteligente, resuelve los problemas en seguida.
3) Mi coche estropeado ahora está en el taller.
4) El partido de fútbol empieza en este estadio dentro de poco.

> **Mala hierba, nunca muere.**
> にくまれっこ世にはばかる

第5章　疑問文・疑問詞

P. 24

1　**1) Sí, somos abogados.** はい、私たちは弁護士です。　Sí, lo somos. はい、そうです。　lo は直接目的格人称代名詞「～を」の中性形で、ser, estar, parecer の主格補語としての名詞、形容詞などを受ける。受ける語が複数形や女性形でも lo を使う。

2) Sí, está abierto. はい、開いています。　Sí, lo está. はい、そうです。　lo は直接目的格代名詞「～を」の中性形で、abierto を受ける。

3) Sí, quiero un café. はい、私はコーヒーが欲しいです。　Sí, lo quiero. はい、私はそれが欲しいです。　lo は直接目的格代名詞「～を」の男性単数形で、un café を受ける。

4) Sí, (mi abuelo) hace ejercicio todos los días. はい、毎日運動をします。　Sí, lo hace todos los días. はい、毎日します。　lo は直接目的格代名詞「～を」の男性単数形で、ejercicio を受ける。

5) Sí, vamos a pasar las vacaciones en París. はい、私たちは休暇をパリで過ごします。　Sí, vamos a pasarlas [las vamos a pasar] allí. はい、私たちはそこで過ごします。　las は直接目的格代名詞「～を」の女性複数形で、las vacaciones を受ける。

2　**1) No, no soy médico. Soy enfermero.** いいえ、私は医者ではありません。看護師です。

2) No, no estoy resfriada. Estoy cansada. いいえ、私は風邪をひいていません。疲れています。

3) No, no empieza a la una. Empieza a las dos. いいえ、1時には始まりません。2時に始まります。

4) No, no hacemos los deberes en casa. Hacemos los deberes en la biblioteca. 私

たちは家で宿題をしません。図書館で宿題をします。　🗨No, no los hacemos en casa. Los hacemos en la biblioteca.

5) No, no le dejo el CD. Le dejo el libro. いいえ、私は彼にそのCDを貸しません。彼にその本を貸します。　🗨No, no se lo dejo. Le dejo el libro.

3 1) **Cuándo**　　2) **Dónde**　　3) **qué**　　4) **Cuál**　　5) **Cómo**
6) **Cuántos**　📖cuánto は後ろに来る名詞に合わせて性数変化する。años は男性複数名詞なので cuántos años となる。
7) **quién**　　8) **Por qué**

4 1) **¿Qué enseña el profesor?** その先生は何を教えますか。
2) **¿Cómo es el amigo de Miguel?** ミゲルの友人はどんな人ですか。
3) **¿Quiénes son ellas?** 彼女たちは誰ですか。　📖対象人物が複数だとわかっているときは、quiénes を使う。
4) **¿Dónde cenamos [cenáis, cenan ustedes] hoy?** 今日はどこで夕食を食べましょうか [食べますか]。
5) **¿Cuándo visitan ellos a sus padres?** 彼らはいつ両親を訪ねますか。

5 1) **Qué** これは何ですか。　📖esto「これ」は指示代名詞の中性形
2) **Cuánto** いくらですか。
3) **qué** フアンの車は何色ですか。　📖Es azul. は、El coche de Juan es de color azul. の略。azul を尋ねる疑問文は、前置詞 de を疑問詞の前に置いて、¿De qué color es el coche de Juan? とする。
4) **Dónde** 彼らはどこで働いていますか。
5) **Quién** 誰が君と踊りますか。
6) **qué** なぜ君は一人で食事をしているのですか。
7) **Cómo** その女の子はどんな人ですか。
8) **Cuándo** ルイスの誕生日はいつですか。
9) **dónde** 君はどこから事件の詳細を得ますか。
10) **Cuántos** 何人の子どもがプールに行きたがっていますか。　📖cuánto は後ろの名詞 niños の性数に合わせて cuántos となる。

6 1) **¿Cuál de los tres va a ganar el premio?**　📖cuál は選択肢がはっきりと示されているときに用いる。
2) **¿Qué idioma habla el ingeniero?**
3) **No sé a quién escribe.**
4) **¿Cuántos alumnos hay en el aula?**　📖存在を示す hay は3人称単数で用いる。　📖アクセントのある [a] の音で始まる女性単数名詞 aula には定冠詞 el をつける。

¡Un poco más!

P. 27

1 📝 付加疑問文は、文末に ¿no? や ¿verdad? などをつけて相手に念を押したり、同意を求めたりするときに使う。

1) No quieres ir al cine con nosotros, ¿verdad?
2) Dicen la verdad, ¿no es cierto?
3) Ya no me quieres, ¿no es así?

2
1) 日本の農業政策について君たちの意見はどうですか。
2) 一緒に行きませんか。－はい、もちろん。　🔤¿Por qué no … ?「(否定疑問文で提案を表して)～したらどうですか、～しませんか」　🔤cómo no「もちろん」
3) いつ台風の勢力が弱まるか私たちはわからない。
4) このように深刻な問題を解決すべき方法がない。　📝存在を示す hay は 3 人称単数で用いる。　🔤疑問詞 cómo + 不定詞「どのように～すべき、～すべき方法」
5) この装置は何のために役立ちますか。－化学実験をするのに役立ちます。

3
1) ¿Por qué estás tan nervioso?
2) ¿A quién espera usted aquí?
3) ¿Cuánto cuestan estos zapatos? -Cuestan ochenta y cinco euros.
4) ¿Cómo vienen ellos (hasta) aquí? -Creo que vienen en moto.
5) ¿En [Para] qué utilizan [usan] ellos esos tres mil pesos?　🔍¿Qué hacen con esos tres mil pesos?

第6章　指示詞（指示形容詞・指示代名詞）

P. 28

1
1) **esta** このレタス
2) **esos** それらのバナナ
3) **aquellos** あれらのニンニク
4) **estas** これらのジャガイモ
5) **esa** そのりんご
6) **aquel** あのトマト
7) **aquella** あの玉ねぎ
8) **este** このピーマン

2
1) aquel
2) esa
3) estas
4) esta　🔤vamos a + 不定詞「～しましょう」
5) Esos　🔤ser de + 材料「～でできている」

3
1) Esas, Aquella
2) Este, Aquellos
3) Estas, Esa　🔤cerca de「～の近くに」

4
1) **Esos periodistas**　そちらの新聞記者たちは賢い。

142

Aquella periodista あちらの新聞記者は賢い。 📖 periodista は男女同形名詞だが、形容詞 lista の形から主語が女性単数であることがわかる。
2) **Esta señora francesa** こちらのフランス人女性は弁護士だ。
   Aquellos señores franceses あちらのフランス人男性たちは弁護士だ。
3) **Esos actores** そちらの俳優たちはとても有名だ。
   Aquella actriz あちらの女優はとても有名だ。

5 1) esos cinturones anchos 2) aquella gabardina nueva 3) este botón blanco

6 📖 指示代名詞は、指示形容詞と混同する可能性がある場合にアクセント符号をつけて区別する。
1) **este**   🔤 para「〜に向かって」
2) **esa**   📖 直接目的格代名詞中性形「〜を」の lo は、ser, estar, parecer の主格補語として名詞、形容詞などを受ける。 例 ¿Estáis cansados? –Sí, lo estamos.「君たちは疲れていますか。」「はい、そうです。」
3) **aquellos**   🔤 no… sino 〜「…ではなく〜」

7 📖 指示代名詞は、指示形容詞と混同する可能性がある場合にアクセント符号をつけて区別する。
1) **Estos** こちらの男性たちはペルーの出身です。
   Estos こちらはペルーの出身です。 🔤 ser de + 地名「〜出身である」
2) **Ese** その特別講義は今度の金曜日まで続きます。
   Ese それは今度の金曜日まで続きます。
3) **Aquel** あちらの旅行者はアメリカ合衆国へ出発します。
   Aquel あちらはアメリカ合衆国へ出発します。 🔤 para「〜に向かって」

8 📖 指示代名詞中性形を使って物の名前を尋ねる場合、答えも中性形を使う。主語を省略して答えることも多い。 例 ¿Qué es esto? – [Esto] es un collar. これは何ですか。– [これは] ネックレスです。話し手と聞き手のいる場所によっては、答えの主語が Eso になることもある。
1) **¿Qué es eso? – Eso [Esto] es un microscopio.** それは何ですか。–それは [これは] 顕微鏡です。
2) **¿Qué es esto? – Esto [Eso] son unos guantes.** これは何ですか。–これは [それは] 手袋です。 📖 主語が指示代名詞の中性形で、主格補語が複数形なら、ふつう動詞は複数形になる。
3) **¿Qué es aquello? – Aquello es una iglesia.** あれは何ですか。–あれは教会です。

9 1) **En ese barrio hay varias tiendas interesantes. / Hay varias tiendas interesantes en ese barrio.**   📖 存在を示す hay は 3 人称単数で用いられる。
2) **Estos pendientes son míos, y esos son de mi hermana.**   🔤 ser de + 人名「〜のものである」
3) **Aquel cuadro de Goya no está en el Museo del Prado.**

¡Un poco más!

P. 31

1 1) **esta**　この方法で私は息子たちに読み書きを教える。

2) **ese**　そのとき一人の男性が部屋に入る。

3) **Esta**　今週私はオフィスに行かない。

4) **aquel**　あのころここにパン屋があった。　🖉存在を示す hay は、線過去でも3人称単数を用いて había となる。

5) **eso**　それが理由で君は泣くのですか。　🔤por eso「それで、だから」

6) **Esta, aquel**　写真にアルフォンソとソニアが写っている。後者（ソニア）が金髪で、前者（アルフォンソ）は黒髪だ。　🖉指示される語が2つあるときは、指示する位置から振り返って近い方（後者）を近称「これ」で表し、遠い方（前者）を遠称「あれ」で表す。

7) **Estos**　最近私は食欲が無い。　🔤estos días「近ごろ、この数日」

8) **Eso**　イネスは自分ことしか話さない。私はそれにとても腹が立つ。　🔤hablar de「～について話す」　🖉「それ」は前文すべてを受け、中性形 eso で表す。　🔤no ～ más que …「…しか～しない、…だけ～する」

9) **eso**　私はなかなか政治の真偽がわからない。　🔤no acabar de + 不定詞（直説法現在、線過去で）「なかなか～ない」　🔤eso de「～のこと」

10) **Este**　今月私たちは中国を旅行するつもりだ。

2 1) 私はあの幸せな日々がとても懐かしい。　🔤echar de menos「～がないのを寂しく・懐かしく思う」

2) スペイン人は2時ごろ昼食をとる。　🔤a eso de「～時ごろ」

3) これらのオレンジを買いましょうよ。　🔤¿Por qué no …? 主語が話し手を含む複数、動詞が直説法現在で勧誘を表す。「～しましょうよ、～しませんか」

4) その女性は部長のことを尋ねている。　🔤preguntar por「～のことを尋ねる、～を訪ねていく」

3 1) **Este profesor [Esta profesora] les enseña Historia de Japón.**　🔤科目名は通常大文字で始める。

2) **Las botas de Carmen no son estas sino aquellas.**　🔤no… sino ～「…ではなく～」

3) **En esa carretera hay mucho tráfico.**　🖼Esa carretera tiene mucho tráfico.

4) **Todos los días tengo que hacer horas extras, y eso no me gusta.**　🔤tener que + 不定詞「～しなければならない」　🖉eso は前文「毎日残業をしなければならないこと」を受け、文頭に置かれる。

第7章　所有詞（所有形容詞・所有代名詞）

P. 32

1　🖉所有形容詞は、名詞の前に置く前置形と、名詞の後ろに置く後置形がある。　例 前置形 mi amigo

「私の友人」、後置形 un amigo mío「私の一人の友人」

1) **mi** 私の家族　　2) **tus** 君の両親　　3) **su** 彼の姉・妹
4) **nuestra** 私たちのおば　　5) **vuestros** 君たちの祖父母　　6) **su** 彼女たちのいとこ
7) **mi** 私の恋人　　8) **su** あなたの夫　　9) **sus** 彼らの姪たち
10) **su** あなた方の曾祖母

2 1) **suyo** あなたの一本のボールペン　　2) **tuyo** 君の一冊の辞書
3) **suyas** 彼らのいくつかのファイル　　4) **suyos** 彼女の数本のシャープペン
5) **vuestras** 君たちのいくつかの定規　　6) **mía** 私の一本のペン
7) **tuyos** 君の数冊のノート　　8) **nuestras** 私たちの数個の消しゴム
9) **suyo** 彼女たちの一冊の教科書　　10) **suyos** あなた方の数本の鉛筆

3 1) **unos calcetines míos** 私の一足の［数足の］靴下
2) **una cazadora tuya** 君の一着のジャンパー
3) **unos vestidos suyos** 彼［彼女・あなた・彼ら・彼女ら・あなた方］の数着の衣類
4) **unos uniformes nuestros** 私たちの数着の制服
5) **un jersey mío** 私の一枚のセーター
6) **unos pantalones tuyos** 君の一本の［数本の］ズボン　[ABC]一本のズボンは、単数で un pantalón、複数で unos pantalones ともいう。
7) **unas camisetas vuestras** 君たちの数枚のTシャツ
8) **un pijama suyo** 彼［彼女・あなた・彼ら・彼女ら・あなた方］の一着のパジャマ　[ABC] pijama は男性名詞

4 1) **Nuestros sombreros son marrones.** 私たちの帽子は茶色です。
2) **Mi hermana está resfriada.** 私の姉は風邪をひいています。
3) **Nuestra [Vuestra, Su] maleta está debajo de la cama.** 私たち［君たち・あなた方］のスーツケースはベッドの下にあります。　[ABC] debajo de「～の下に、～の下で」
4) **Nuestro primo tiene cuarenta y cinco años.** 私たちのいとこは45歳です。
5) **Su cumpleaños es el cinco de agosto.** 彼の誕生日は8月5日です。　cumpleaños「誕生日」は単複同形の男性名詞。

5 1) **Este amigo mío se llama Juan.**
2) **Aquellas alumnas tuyas llevan un mes en esta escuela.**　[ABC] llevar「（日時を）過ごす」
3) **Nuestro primo juega al tenis muy bien. / Nuestro primo juega muy bien al tenis.**
4) **Su perro es difícil de controlar.**　[ABC] ser difícil de + 不定詞「～しにくい、～するのが難しい」
5) **Esta habitación vuestra es agradable.**

6 「定冠詞＋所有形容詞後置形」で「～のもの」という名詞句を作り、主語や補語になる。所有形容詞前置形にこの働きはない。× El mi es nuevo. → ○ El mío es nuevo.「私のは新しい」
1) **El suyo es moderno.** 彼のはモダンだ。

2) **La vuestra ya está preparada.** 君たちのはもう準備できている。

3) **Las mías pesan mucho.** 私のはとても重い。

4) **El tuyo parece grave.** 君のは深刻そうだ。

7 📝所有形容詞後置形は、動詞 ser の後ろに置かれて補語になる。所有形容詞前置形にこの働きはない。 × Este perro es mi. → ○ Este perro es mío.「この犬は私のです」 📝所有形容詞に定冠詞をつけて所有代名詞とし、Esta es la mía.「これは私のものだ」と答えることもできる。 📝指示代名詞は指示形容詞と区別するために、アクセントをつけることもある。 例 Ésta es mía.「これは私のだ」

1) **Ese es nuestro.** それは私たちのものです。

2) **Esas son tuyas.** それは君のものです。

3) **Aquella es vuestra.** あれは君たちのものです。

4) **Este es suyo.** これは彼のものです。

8 1) **son nuestras.** はい、私たちのものです。

2) **no es suyo.** いいえ、彼女のものではありません。

3) **no es suya.** いいえ、彼のものではありません。

4) **son suyos.** はい、彼のものです。

¡Un poco más!

P. 35

1 1) × **nuestra** → ○ **nuestras** マリアナとスサナは私たちの姪です。

2) × **la mía** → ○ **el mío** 君のマンションと私のは同じ地区にある。

3) × **algunos sus libros** → ○ **algunos libros suyos** パブロは自分の本を何冊か私に貸してくれる。 📝所有形容詞前置形は、定冠詞、不定冠詞、不定形容詞と一緒に使うことはできないので、所有形容詞後置形を使って表す。 例 × el su libro → ○ el libro suyo, × un su libro → ○ un libro suyo, × algún su libro → ○ algún libro suyo 📝algunos de sus libros とも言える。

4) × **su novia** → ○ **la novia** 📝所有形容詞と「de + 所有者」は一緒に使えない。 例 × su libro de Paco → ○ el libro de Paco「パコの本」

5) × **su muela** → ○ **la muela** 📝身体の一部に他人の行為が及ぶとき、身体の持ち主を間接目的格代名詞で表し、身体の一部には定冠詞をつける。 例 Mi madre me lava las manos. 母親は私の手を洗ってくれる。

2 1) 君の両親は遠方に住んでいるが、私の（両親）はこの市に住んでいる。

2) ディアナは君と君の母親の友人だ。

3) あちらの青年たちは彼 [彼女・あなた・彼ら・彼女ら・あなた方] の兄弟も同然だ。

4) 私たちは自分たちのことを話したくはない。 ABC 中性の定冠詞 lo + 形容詞「〜のこと、〜のもの」

5) 私は自分自身の目でそれ [彼・あなた] を見たい。

3 1) **Por tu culpa voy a perder el tren.**

2) Este reloj no es mío sino suyo.
3) Su abrigo es negro, pero el mío es gris.
4) Esta blusa tuya es elegante.

第8章 人称代名詞（直接目的格・間接目的格・前置詞格）

P. 36

1 目的格代名詞は基本的に活用した動詞の前に置く。 例 Yo compro una revista. 私は雑誌を買う。→ Yo la compro. 私はそれを買う。
ただし、不定詞、現在分詞、肯定命令とともに使われるときは動詞の後ろにつく。口語では動詞句の前に置かれることもある。 例 José quiere comprar una revista. ホセは雑誌を買いたい。→ José quiere comprarla. / José la quiere comprar. ホセはそれを買いたい。
目的格代名詞を2つ使うときは、間接目的格代名詞（〜に）＋直接目的格代名詞（〜を）の順に並べる。 例 Yo te regalo unas flores. 私は君に花を贈る。→ Yo te las regalo. 私は君にそれらを贈る。
目的格代名詞が2つとも3人称の場合は、間接目的格代名詞 le, les を se にする。 例 Teresa envía una postal a sus padres. テレサは両親にハガキを送る。→ Teresa se la envía. テレサは彼らにそれを送る。

1) Nos　　2) la　　3) te

2 1) Cristina lo [le] quiere mucho. クリスティーナは彼をとても愛している。 直接目的格代名詞3人称男性単数 lo が人「彼を」「あなたを」を示す場合、スペインでは lo ではなく le を使うことが多い。
2) No la alquilamos. 私たちはそれを借りない。
3) Voy a visitarlos [Los voy a visitar] mañana. 明日私は彼らを訪ねるつもりだ。 目的格代名詞が不定詞とともに用いられる場合、不定詞の語末につく。口語では動詞句の前に置かれることもある。

3 1) Lo tengo este jueves. 今度の木曜日です。
2) Las llevan a la fábrica. 彼らはそれらを工場へ持っていきます。
3) Las pasamos con la familia. 私たちは家族と過ごします。

4 1) les　　2) Os　　3) le
4) Me, te, la 目的格代名詞を2つ使うときは、間接目的格代名詞（〜に）＋直接目的格代名詞（〜を）の順に並べる。
5) se, lo 目的格代名詞が2つとも3人称の場合は、間接目的格代名詞 le, les を se にする。

5 1) La madre no les compra los cómics. 母親は彼らに漫画を買わない。
2) Podéis hacerle [Le podéis hacer] preguntas. 君たちは彼に質問してもいい。

3) Ellos se la preguntan. 彼らは彼にそれを尋ねる。

6 **1) Me la reparan para mañana.** 明日までに私はそれを修理してもらいます。 3人称複数形を使った無人称表現。 para は期限「〜までに」を表し、hasta は期間「〜まで（ずっと）」を表す。 例 Andrea lo termina para el próximo sábado. アンドレアは次の土曜日までにそれを終える。（期限） Andrea trabaja hasta las doce. アンドレアは12時まで働く。（期間、終点）
2) Se los envío por correo electrónico. 私は彼にそれらを電子メールで送ります。
3) Yo se lo sirvo. 私が彼らにそれを出します。

7 前置詞格代名詞は前置詞の後ろに置かれる人称代名詞。1人称単数 mí と2人称単数 ti の他は主格人称代名詞と同じ形。
1) ti 2) nosotros/tras 3) ustedes 4) ella 5) él

8 **1) confío en ellos.** はい、私は彼らを信頼しています。 confiar en「〜を信頼している」
2) no nos acordamos de ti [usted]. いいえ、私たちは君のことを[あなたのことを]覚えていません。 acordarse de「〜を覚えている、思い出す」
3) no trabaja conmigo. いいえ、私と一緒に仕事をしません。 con mí は conmigo、con ti は contigo となる。

9 **1) A partir de hoy José trabaja aquí con nosotros. / José trabaja con nosotros aquí a partir de hoy.**
2) Vamos a regalarle una pelota de fútbol. vamos a + 不定詞「〜しましょう」
3) Susana nos prepara la cena en la cocina. / En la cocina Susana nos prepara la cena.

¡Un poco más!

P. 39

1 **1) Juan me lo presta.** フアンは私にそれを貸してくれる。 目的格代名詞を2つ使うときは、間接目的格代名詞 me ＋ 直接目的格代名詞 lo の順に並べる。
2) Para mí no es nada. 私には何ということもない。 前置詞 para の後には前置詞格代名詞 mí を使う。 no es nada「何でもない、取るに足らない」
3) Lola está leyéndola. / Lola la está leyendo. ロラはそれを読んでいる。 直接目的格代名詞 la は、現在分詞の後ろにつけて está leyéndola とし、強く読む音節 yen を維持するためにアクセント符号をつける。また、活用した動詞 está の前において la está leyendo とすることもできる。
4) Es necesario convencerlo. 彼を[あなたを]説得することが必要だ。 直接目的格代名詞 lo は、不定詞の語末につける。
5) Se los prestamos. 私たちは彼らに[彼女らに・あなた方に]それを貸します。 目的格代名詞が2つとも3人称の場合は、間接目的格代名詞を se にする。
6) Voy contigo. 私は君と一緒に行く。 前置詞 con が mí や ti とともに用いられる場合、conmigo, contigo となる。

7) **Deseo enviárselas. / Se las deseo enviar.**　私はそれらを彼に［彼女に・あなたに］送りたい。　📝目的格代名詞が２つとも３人称の場合は、間接目的格代名詞を se にする。　📝 enviárselas は、強く読む音節 viar を維持するためにアクセント符号をつける。

8) **¿Estáis resfriadas? -Sí, lo estamos.**　君たちは風邪を引いていますか。はい、そうです。　📝直接目的格代名詞「〜を」の中性形 lo は、ser, estar, parecer の主格補語として名詞、形容詞などを受ける。複数形や女性形の場合でも常に lo となる。

2　1) 君に起こったことは一体何ですか。　🔤 lo que「〜のこと」
　2) ママ、とても暑いよ。アイスクリームを買って。
　3) この音楽を聞くと私は子供のころを思い出す。　🔤 recordar a + 人「〜に思い出させる」
　4) 中世、キリスト教王国は互いに争っていた。　📝 sí「自分、それ自身」は、再帰代名詞３人称 se の前置詞格
　5) 近くの村へピクニックに行こう。そこにとても大きな農場がある。　📝 ella「それ」は前置詞格人称代名詞で、女性名詞 aldea を受ける。

3　1) **Te presentaré [presento] al doctor Rodríguez.**　💡Voy a presentarte [Te voy a presentar] al doctor Rodríguez.
　2) **Dicen que esta noticia es verdad, pero yo no lo creo.**　📝 lo は直接目的格代名詞「〜を」の中性形で、「ニュースが真実であること」を受ける。　🔤 dicen que ...「〜と言われている」
　3) **Nos encanta [gusta mucho] jugar al fútbol. Y, ¿a ti?**
　4) **Cuando el hijo vuelve del parque, su madre le lava las manos con jabón.**
　📝間接目的格代名詞「〜に」の le が mano の所有者を表しているので、su madre le lava sus manos とはならない。
　5) **¿Por qué no me lo cuentas?**　📝話の流れを受け、直接目的格代名詞中性形 lo「そのことを」を使う。

¿Repasamos? 2

第5章〜第8章

P. 40

1.　1) **Tu**　君は黒い猫を飼っている。→　君の猫は黒い。
　2) **Nuestros**　私たちはスペインの友達が２人いる。→　私たちの２人の友達はスペイン出身だ。
　3) **Su**　ラファエルはこの私立学校で勉強している。→　彼の学校は私立だ。
　4) **Sus**　少女たちはウールのコートを着ている。→　彼女たちのコートはウールでできている。
　5) **Vuestro**　君たちはあの古いマンションに住んでいる。→　君たちのマンションは古い。

2.　1) 君は私たちと一緒に釣りに行けないのですか。ーいいえ、行けます。会議がキャンセルされたので。
　📝否定疑問文であっても答えが肯定なら sí、答えが否定なら no を使う。
　2) この自動車工場では何人の従業員が働いていますか。ーはっきりとはわかりません。
　3) 君の同僚はどうやって通勤しますか。ー彼らの大部分は地下鉄で通勤します。　📝動詞 ir は位置的に近い ellos に合わせて van となる。la mayoría に合わせて va となることもある。

📝=文法　🔤=語彙　💡=作文書き換え　🏛=文化　149

3. 1) ¿De qué parte [ciudad] de España eres tú?

2) ¿Me das tu número de móvil?　¿Puedes darme [Me puedes dar] el número de tu móvil?

3) Me acompañas [acompañarás] al hospital mañana, ¿no? [¿verdad?, ¿vale?]

Quien bien te quiere te hará llorar.
かわいい子には旅をさせよ

第9章 GUSTAR型動詞

P. 42

1 1) Me gusta　2) Le gusta　3) le gustan　4) Le gusta
5) Te gustan　6) nos gustan
7) Les gusta　Fórmula 1 の「1」は uno と読む。
8) os gusta　9) les gusta　10) Me gusta

2 1) **A vosotros os gusta jugar al golf.** 君たちはゴルフをするのが好きだ。

2) **A Rosa y a mí nos gusta la comida mexicana.** ロサと私はメキシコ料理が好きだ。

3) **A ti te gustan las flores.** 君は花が好きだ。

4) **A Gonzalo y a Elisa les gusta tocar la guitarra y cantar.** ゴンサロとエリサはギターを弾いて歌うのが好きだ。　tocar la guitarra と cantar「ギターを弾いて歌うこと」を、1つの事柄としてとらえ単数で扱う。

3 1) **Me gusta más el inglés.** 私は英語の方が好きです。

2) **Nos gusta más el blanco.** 私たちは白の方が好きです。　el (vino) tinto, el (vino)

blanco の略

3) Le gusta más la casera. 彼は家庭料理の方が好きです。 la (comida) casera, la (comida) rápida の略

4) Les gusta más Barcelona. 彼らはバルセロナの方が好きです。

5) Nos gusta más Velázquez. 私たちはベラスケスの方が好きです。
ベラスケス（Diego Velázquez 1599-1660）とゴヤ（Francisco de Goya 1746-1828）は、ともにスペインを代表する宮廷画家。

4 1) **No, no me duele la espalda. Me duelen los hombros.** いいえ、背中は痛くありません。肩が痛いです。

2) **No, no me duele el brazo. Me duele la mano derecha.** いいえ、腕は痛くありません。右手が痛いです。

3) **No, no me duelen las rodillas. Me duelen los tobillos.** いいえ、膝は痛くありません。足首が痛いです。

5 1) **interesan** interesan の文法上の主語は las costumbres indígenas

2) **chifla** chifla の文法上の主語は el flamenco

3) **parece** parece の文法上の主語は la película で、divertida は la película の補語。

4) **importa** ¿Te importa ...?「～してもらえますか」依頼表現の一つ。 importa の文法上の主語は recoger los platos

5) **encanta** encanta の文法上の主語は la música clásica

6 1) **¿Desde cuándo te duele la cabeza?**

2) **¿Por qué les interesa el arte contemporáneo?**

3) **¿Qué le parece La Habana?** ハバナはキューバの首都。

4) **¿Cuál os gusta más, el azul o el verde?**

5) **A mi marido no le gusta nada ir de compras.** 「楽しむショッピング」は ir de compras、「日用品や食料品の買い物をする」は ir a la compra

6) **Me duelen las muelas y no puedo dormir.**

¡Un poco más!

P. 45

1 1) **toca** 今日は君が料理をする番だ。

2) **entra** 私は眠くなってきた。

3) **arde** あなたは熱があります。アスピリンを飲みますか。

4) **tiemblan** 私は手が震える。

5) **conviene** 私たちにこの仕事は合わない。

6) **parece** あなたのアイデアは素晴らしいと私は思う。

7) **falta** 君たちは経験不足だ。

8) extraña 君にここで会うなんておかしい。

9) sobran 私たちには10ユーロ余った。

10) pesa マリアには彼と働かなければならないことが重荷だ。

2 1) 君はハイメが何に興味があると思いますか。

2) 私に水を一杯持ってきてくれますか。

3) あなたと出かけられて私は嬉しい。 🔤salir con「～とつき合う」と訳すこともできる。

4) 君は私と一緒に映画に行きたいですか。

3 1) A mis padres les gusta pasear por la noche.

2) No le importa nada mi opinión.

3) A mi abuela no le gusta mucho la leche.

4) Cuando como [tomo] algo frío, siempre me duele el vientre. 🔄Siempre que como [tomo] algo frío, me duele el vientre.

第10章 不定語・否定語

P. 46

1 1) **no podemos [podéis, pueden ustedes] hacer nada por ellos.** いいえ、彼らのために何もできません。

2) **no oigo nada.** いいえ、何も聞こえません。

3) **no me apetece beber nada.** いいえ、何も飲みものはほしくありません。

2 1) **no (le) presto el coche a nadie. / no (se) lo presto a nadie.** いいえ、誰にも車を[それを]貸しません。

2) **no me visita nadie.** いいえ、誰も私を訪ねません。 🔄否定語が動詞の前に置かれるとnoが不要になる。 No, nadie me visita.

3) **no viaja nadie por México.** いいえ、誰もメキシコを旅行しません。 🔄否定語が動詞の前に置かれるとnoが不要になる。 No, nadie viaja por México.

3 🔄不定形容詞 alguno, ninguno は後ろに男性単数名詞をともなうと、語尾 o が脱落し algún, ningún となる。 例 algún libro, ningún libro

1) **no queda ninguna plaza.** いいえ、ひとつも席は残っていません。 **no queda ninguna.** いいえ、ひとつも残っていません。 🔄否定語が動詞の前に置かれるとnoが不要になる。No, ninguna plaza queda. No, ninguna queda.

2) **no compramos [compráis, compran ustedes] ninguna pera.** いいえ、ひとつも洋なしは買いません。 **no compramos [compráis, compran ustedes] ninguna.** いいえ、ひとつも買いません。 🔄ninguno / na は複数にはならない。× ningunas peras

3) **no viene ningún chico español.** いいえ、ひとりもスペイン人の少年は来ません。**no viene ninguno.** いいえ、ひとりも来ません。　🔲否定語が動詞の前に置かれると no が不要になる。No, ningún chico español viene.　No, ninguno viene.

4 1) **ningún**　　　　2) **algunas**　🔲 algunas galletas の略　　3) **Nadie**
4) **Alguien**　　　5) **algo**
6) **nada**　🔤関係詞 que + 不定詞「〜すべき」　　　　　　　7) **algunas**
8) **ninguna**　　　9) **alguna**　　　　　　　　　　　　　10) **nadie**

5 1) **no te [le] acompaña nadie.** いいえ、誰も君［あなた］と一緒に行ってくれません。　🔲否定語が動詞の前に置かれると no が不要になる。No, nadie te [le] acompaña.
2) **no trabaja ninguno [ningún mecánico] aquí.** いいえ、(整備士は) 誰も働いていません。🔲否定語が動詞の前に置かれると no が不要になる。No, ninguno [ningún mecánico] trabaja aquí.
3) **no estamos preocupados por nada.** いいえ、何も心配していません。
4) **no me pongo ninguna [ninguna gorra].** いいえ、(帽子は) 何もかぶりません。
5) **no traigo nada de dinero.** いいえ、少しもお金は持ってきていません。

6 1) **Muchos**　🔤 acudir a「〜へ駆けつける」
2) **poco**　🔤 poco「(否定的に) ほとんど〜ない」
3) **Todo**　🔤 todo el mundo「世界中、みんな」
4) **cada**　🔤 cada dos días「2日ごとに、1日おきに」
5) **cualquier**　🔲 cualquiera は名詞の前で語尾 a が脱落し、cualquier となる。
6) **Uno, otro**　🔲存在を示す hay は3人称単数で扱う。
7) **tanto**　🔤 tanto 〜 que…「あまりに多く〜なので…する」　🔲 tanto は不加算名詞 vino に合わせて男性単数になる。
8) **mismo**　🔤中性定冠詞 lo + 形容詞「〜のこと、〜のもの」
9) **tales**　🔤不定形容詞 tal「このような〜、そのような〜」　後ろに来る名詞に合わせて数変化する。

7 1) **tampoco**
2) **ni**　🔲強調のため ni を繰り返して使うこともできる。　例 Marta no come ni carne ni pescado.
3) **Nunca**　🔲否定語が動詞の前に置かれると no が不要になる。
4) **nada**　🔤副詞 nada「まったく〜ない」
5) **apenas**　🔲否定語が動詞の前に置かれると no が不要になる。　🔤 apenas「ほとんど〜ない」

¡Un poco más!

P. 49

1 1) Parecía que alguien estaba siguiéndome. / Parecía que estaba siguiéndome alguien.

2) Algunos dicen que no, pero otros que sí.
3) Ningún empleado debe llegar tarde al trabajo. / Ningún empleado debe llegar al trabajo tarde. 🔤 no deber + 不定詞「(禁止) ～してはいけない」

2 1) デパートには何でもある。 📝 存在を示す hay は3人称単数で扱う。 🔤 de todo「(目的語として使われる) あらゆる種類のもの」
2) 仕事が終わったら何かおいしいものを食べに行きましょう、いいですか。 🔤 al + 不定詞「～すると、～したとき」
3) 彼はスペイン語を学び始めてせいぜい一ヶ月だ。 🔤 hace + 期間 + que …「…して～になる」
4) 君は助けてもらっているのだから、君も他の人たちを助けなければならない。 🔤 como「(文頭に置いて) ～なので」
5) 2人のうちどちらもこのボランティア活動に参加しない。

3 1) Podéis elegir cualquier carrera. 📝 cualquiera は名詞の前で語尾 a が脱落し、cualquier となる。
2) Tu primo viene a este bar algunas veces.
3) Nadie debe hablar en voz alta en la biblioteca. 🔤 no deber + 不定詞「(禁止) ～してはいけない」
4) Mi padre no [ni] fuma ni bebe. 📝 強調のため ni を繰り返し使うこともできる。
5) Mañana es el cumpleaños de Maite, pero aún [todavía] no le he comprado nada.

第11章 再帰動詞

P. 50

1 1) nos miramos （自分の姿を）見る 2) te limpias きれいにする
3) os afeitáis ひげを剃る 4) se ocupa 従事する 5) nos morimos 死ぬ、死ぬ思いだ
6) se cae 倒れる 7) se acuerdan 覚えている 8) se siente 感じる
9) se van 立ち去る 10) se visten 服を着る 11) te duermes 眠り込む
12) me hago ～になる、～に変わる

2 📝 a の動詞はすべて他動詞で、主語と目的語は別の人になる。b の動詞はすべて再帰動詞で、主語と再帰目的語は同じ人になる。
1) a. 私の母は6時に私を起こす。 b. 私の母は6時に起きる。
2) a. 看護師は患者にガウンを着せる。 b. 看護師は白衣を着る。
3) a. マリアとパコは近所の人に挨拶をする。 b. マリアとパコは挨拶を交わす。
4) a. 彼はイグナシオの父親だと私は思う。
   b. イグナシオは父親にとてもよく似ている。 🔤 parecerse a「～に似ている」

154

5) a. ルーカスおじさんは私をルシアと結婚させる。
　　b. ルーカスおじさんはルシアと結婚する。

3 **1) se secan** 📝再帰代名詞 se が間接目的語の働きをする間接再帰で、直接目的語は las manos
2) se despierta 📝他動詞 despertar「目を覚まさせる」が再帰代名詞を伴って自動詞化し、「目を覚ます」となる。
3) se quitan 📝「私たち日本人は」を主語とすると、(Nosotros) los japoneses nos quitamos …となる。 📝再帰代名詞 se が間接目的語の働きをする間接再帰で、los zapatos は直接目的語
4) te quejas 🔤quejarse de「〜を嘆く、〜の不平を言う」再帰動詞としてのみ用いる本来的再帰
5) se tutean 🔤fuera de「〜の外で」 📝「お互いに〜し合う」を意味する相互再帰
6) se fabrican 📝pantallas de televisor を主語とする再帰受身
7) me atrevo 🔤atreverse a + 不定詞「あえて〜する」再帰動詞としてのみ用いる本来的再帰
8) nos ayudamos 📝「お互いに〜し合う」を意味する相互再帰
9) Me peino 📝再帰代名詞 me が直接目的語の働きをする直接再帰
10) se publica 📝una antología de poesía medieval を主語とする再帰受身

4 📝動詞が不定詞であっても、再帰代名詞は主語に合わせる。 例 Yo voy a levantar<u>me</u> (× levantar<u>se</u>) temprano. 私は早く起きるつもりだ。
1) marcharme 🔤tener que + 不定詞「〜しなければならない」
2) lavaros 🔤tener que + 不定詞「〜しなければならない」
3) cortarse 🔤ir a + 不定詞「〜するつもりだ、〜しに行く」
4) escribirnos 🔤soler + 不定詞「いつも〜する、〜する習慣である」
5) iros, quedarme 🔤poder + 不定詞「(許可) 〜してもよい」 🔤preferir + 不定詞「〜する方がいい」

5 **1) Me baño por la noche.** 私は夜お風呂に入ります。
2) Se llama salsa. サルサという名前です。
3) Se acuestan a las nueve. 9時に寝ます。
4) Se venden en el quiosco. キオスクで売られています。

6 1) me levanto　2) me ducho　3) Me miro　4) me peino　5) me maquillo
6) Me pongo　7) Desayuno　8) Salgo　9) llego　10) tengo
11) tomo　12) me lavo　13) cenar　14) me siento　15) pongo
16) me quito　17) me baño　18) Me meto　19) me duermo

私は通常朝6時に目を覚まして、6時半に起きます。その後お湯でシャワーを浴びます。鏡を見て髪をとかし、化粧をします。ズボンをはいて上着を着ます。コーヒーとトーストの朝食を取ります。8時半に家を出て、9時15分前に大学に到着します。たいてい一日に授業が4つあります。授業後は、友達とコーヒーを飲みます。家に帰ると、まず手を洗います。夜は、家族と一緒に夕食を取った後、肘掛椅子に座ってテレビをつけます。その後、服を脱いでお風呂に入ります。ベッドにもぐりこんで11時ごろに眠りにつきます。 🔤agua caliente「湯」 🔤al + 不定詞「〜すると」 🔤a eso de「〜時ごろ」

第11章 再帰動詞

¡Un poco más!

P. 53

1 　1) **se ensucia**　その子は手を汚す。

　2) **os portáis**　もし君たちがいい子にしていたら、遊園地に連れて行ってあげる。

　3) **me quejo**　商売はうまくいっているかい。―まあ悪くはないね。　🔤ir a + 人 + bien「～にとってうまくいく」

　4) **se pone**　みんなの前で話をするとき、ホセはいつも顔が赤くなる。　🔤ponerse + 形容詞「（～の状態に）なる」　🔤en público「公衆の面前で、公然と」

　5) **se arrepienten**　生徒たちは自分の振る舞いを後悔している。　🔤arrepentirse de「～を後悔する」　再帰動詞としてのみ用いる本来的再帰

　6) **se libran**　ヒーローはいつも間一髪のところで助かる。　🔤por los pelos「きわどいところで、間一髪で」

　7) **se desarrolla**　この国の産業は成長が速い。

　8) **se ven**　ここから桜が咲いているのがよく見える。

2 　1) 彼女はいつも親友に心の内を打ち明けている。　🔤desahogarse con「心中を打ち明ける、息を抜く」

　2) 私の甥は２才でとてもかわいい。食べてしまいたいほどだ。　📝comerse は強調を表す再帰動詞

　3) あなたが私を説得できるだろうと思っているなら、それは間違いだ。

　4) ケーキのろうそくはひと吹きで消される。

　5) 遅かれ早かれ私たちを裏切るだろうから、私たちは偽りの友人には用心しなければならない。
　🔤tarde o temprano「遅かれ早かれ」　🔤guardarse de「～に用心する、警戒する」

3 　1) Mi abuelo se encuentra mal.

　2) Como hace mucho sol, me pongo el sombrero y las gafas de sol.　🔤hacer sol「日が照っている」

　3) Cuando estoy contigo [Contigo, Al estar contigo], me siento feliz.

　4) A veces [Algunas veces, De vez en cuando] se olvida de traer la carpeta.

第12章　比較

P. 54

1　📝形容詞の比較には優等、劣等、同等の３種類があり、形容詞は主語に合わせて性数変化させる。

　1)　📝指示代名詞は、指示形容詞と混同する可能性がある場合にアクセント符号をつけて区別する。

　優等：**más, caros, que**　これらの車はそれらより値が高い。　📝指示代名詞 esos は esos coches の略。

　劣等：**menos, caros, que**　それらの車はこれらより値が高くない。　📝指示代名詞 estos は estos

coches の略。
同等：tan, caros, como あれらの車はこれらと同じくらい値が高い。　📝指示代名詞 estos は estos coches の略。
2) **優等：más, cansada, que** エレナは私より疲れている。
劣等：menos, cansado/da, que 私はエレナより疲れていない。
同等：tan, cansados, como 彼女のいとこたちはエレナと同じくらい疲れている。

2 📝形容詞の最上級には優等と劣等があり、定冠詞（＋名詞）＋ más / menos ＋ 形容詞 ＋ de で表す。
例 Juana es la (chica) más guapa de las hermanas. フアナは姉妹のなかで一番美人だ。
 1) 優等：**la, más, antigua**　　　　　劣等：**la, menos, antigua**
 2) 優等：**los, más, bonitos**　　　　劣等：**los, menos, bonitos**

3 1) **menos, que**　📝mi máquina「私の機械」を la mía「私のもの」に言い換えている。
 2) **tan, como**
 3) **el, mayor**　📝mayor は形容詞 grande の不規則な比較級で、定冠詞をつけて最上級にする。
 4) **menos, que**　📝menos は数量を示す形容詞 poco の不規則な比較級
 5) **las, más**
 6) **peores, que**　📝peor は形容詞 malo の不規則な比較級
 7) **tanta, como**　📝tanto は形容詞 mucho の不規則な同等比較で、後ろの名詞に合わせて性数変化させる。この場合、不加算名詞 cerveza に合わせて女性単数にする。

4 📝副詞の比較には優等、劣等、同等の3種類があり、副詞は性数変化しない。
 1) 優等：**más, tarde, que** 君の兄[弟]は君より帰宅が遅い。
  劣等：**menos, tarde, que** 君は君の兄[弟]より帰宅が遅くない。
  同等：**tan, tarde, como** 君の父は君の兄[弟]と同じくらい帰宅が遅い。
 2) 優等：**más, cerca, que** 彼らはハビエルより近くに住んでいる。
  劣等：**menos, cerca, que** ハビエルは彼らより近くに住んでいない。
  同等：**tan, cerca, como** 私たちは彼らと同じくらい近くに住んでいる。

5 📝副詞の最上級には優等と劣等があり、主語＋ ser ＋主語と性数一致した定冠詞＋ que ＋動詞＋ más / menos ＋副詞 で作る。　例 Ángel es el que se levanta más temprano de la familia. アンヘルは家族の中で一番早く起きる。
 1) 優等：**el, que, habla, más, despacio**
  劣等：**las, que, hablan, menos, despacio**
 2) 優等：**los, que, estudiáis [estudian], más, duro**　📝los que 節の動詞は主語 vosotros に合わせて estudiáis とするか、3人称複数 estudian とする。
  劣等：**el [la], que, estudias [estudia], menos, duro**　📝el [la] que 節の動詞は主語 tú に合わせて estudias とするか、3人称単数 estudia とする。

6 1) **tanto, como**　📝tanto は副詞 mucho の不規則な同等比較。　Yo trabajo mucho. 私はよく働く。→ Yo trabajo <u>tanto</u> [× tan mucho] <u>como</u> mis amigos. 私は友人と同じくらいよく働

く。　📩 el del vecino は el perro del vecino の略。

2) **peor, que**　📩 peor は副詞 mal の不規則な比較級

3) **tan, como**

4) **mejor, que**　📩 mejor は副詞 bien の不規則な比較級

5) **más, que**　📩 más は副詞 mucho の不規則な比較級　例 Yo como mucho. 私はたくさん食べる。→ Yo como más [× más mucho] que él. 私は彼よりたくさん食べる。

6) **el, que, más**

7) **menos, que**　📩 menos は副詞 poco の不規則な比較級

8) **el, que, peor**　📩 peor は副詞 mal の不規則な比較級

¡Un poco más!

P. 57

1　📩 絶対最上級「きわめて〜、非常に〜」は、muy + 形容詞・副詞 よりも強い意味を表す。子音で終わる語には -ísimo/ma をつける（fácil → facilísimo/ma）。母音で終わる語は、語末の母音を取り除いてから -ísimo/ma をつける（caro/ra → carísimo/ma）。その他つづりの変化を起こすものもある。　例 largo/ga　→　larguísimo/ma

1) **guapísima**　ファティマは非常に美しい。

2) **poquísimo**　モデルはほんのわずかしか食べない。

3) **muchísimo**　私はこのスペイン映画が非常に好きだ。

4) **dificilísimos**　これらの文法問題は非常に難しい。　📩 アクセントの位置が後ろへずれる。　di-fí-ci-les → di-fi-ci-lí-si-mos.

5) **eficacísima**　これらの薬は非常に良く効く。

2　1) 君は稼げば稼ぐほど浪費する。　🔤 cuanto más …, (tanto) más 〜「…すればするほど〜」

2) メルセデスは姉妹のなかで一番性格が良い。　📩 bueno「良い」は、人間の性格・善良さを表す比較級には más bueno/na を使い、人の成績や物の品質が良いこと表す比較級には mejor を使う。

3) フリアンは学校でも家でもよく勉強をする。　🔤 tanto … como 〜「…と同様〜も」

4) 私は何よりも旬の果物が好きだ。　🔤 más que nada「何よりも」

5) この皮革のジャケットは君が思っているより値段が高くない。　📩 menos de「〜以下」　数詞と lo que 節が後ろにくるときは、menos que ではなく menos de を用いる。menos de cinco personas「5人以下」、menos de lo que piensas「君が考えているより〜でない」

6) 土砂降りだ、幸いにも私は傘を持ってきている。　🔤 llover a cántaros「土砂降りである」　🔤 menos mal que…「幸いにも〜だ」

7) 私たちはできるだけ早く配管工を呼ばなければならない。　🔤 lo más pronto posible「できるだけ早く」

3　1) **En esta biblioteca hay dos veces más libros que en la nuestra.**　🔍 Esta biblioteca tiene dos veces más libros [el doble de libros] que la nuestra.　📩 más は形容詞 mucho の不規則な比較級。Yo tengo muchos libros. 私はたくさん本を持っている。→ Yo

tengo más [× más mucho] libros que vosotros.　私は君たちよりもたくさん本を持っている。
📖比較の程度を示す dos veces は比較を示す語の前に置く。

2) **Esta maleta pesa más de veinte kilos.**　📖más de「〜以上」 数詞と lo que 節を後ろにともなう場合は、más que ではなく más de を用いる。　例 más de tres kilos「3キロ以上」、más de lo que creemos「私たちが思っている以上に」

3) **Mi sobrino no come más que carne.**

4) **Borges es uno de los escritores más conocidos de Latinoamérica [América Latina].**

5) **En el tablao ella baila mejor que nadie.**　✍Ella es la que baila mejor del tablao.

¿Repasamos? 3　第9章〜第12章

P. 58

1. 1) alguna　　2) ninguna　　3) (A mí) Me gusta la tarta de manzana.
   4) riquísima　5) es la más rica [sabrosa] del mundo.　✍es la mejor del mundo.

   訳）A：この辺りにどこかカフェテリアはありますか。のどがすごく渇きました。
   　　B：この辺りには一つもありませんが、教会の裏手に一つあります。そこはとてもおいしいケーキを出します。私はアップルパイが好きです。それは100パーセント自家製です。
   　　A：それはおいしいですか。
   　　B：はい、とてもおいしいです。私にとっては、世界で一番おいしいです。

2. 1) 私の夫は帰宅するとすぐにネクタイをはずす。
   2) 私は昨日よりいくぶん調子が良い。
   3) インフルエンザ予防に最も大事なことは、しっかり手を洗うことだ。
   4) うわさは君が思っているよりも速く広まる。

3. 1) **Me gusta más la playa [el mar] que la montaña.**　✍Prefiero la playa [el mar] a la montaña.
   2) **Daniel se afeita cada dos días.**
   3) **Ninguno de ellos es tan honrado [sincero] como Paco.**
   4) **Oiga [Perdón, Por favor], ¿hay alguien?**

En boca cerrada no entran moscas.
口は災いのもと

第13章 現在分詞

P. 60

1 現在分詞の語末に再帰代名詞がつくと、音節が増えてアクセントの位置がずれる。強く読む音節を維持するために、アクセント符号をつける。

1) **bebiendo** 飲む　　　　2) **abriendo** 開く、開ける　　3) **leyendo** 読む
4) **muriendo** 死ぬ　　　　5) **cerrando** 閉まる、閉める　6) **siguiendo** 〜に続く
7) **levantándose** 起きる　8) **vistiéndose** 洋服を着る

2 1) **viajar** 旅行する　　2) **escribir** 書く　　　3) **repetir** 繰り返す
4) **ser** 〜である　　　　　5) **dormir** 眠る　　　　6) **ir** 行く
7) **verse** 見える　　　　　8) **ponerse** 身につける

3 現在分詞の語末に目的格人称代名詞がつくと、音節が増えてアクセントの位置がずれる。強く読む音節を維持するために、アクセント符号をつける。

1) **comprándolos** それらを買う　2) **regalándole** 彼に［彼女に・あなたに］プレゼントする
3) **destruyéndola** それを壊す　　4) **entregándomela** 私にそれを渡す
5) **pidiéndoselos** 彼に［彼女に・あなたに・彼らに・彼女らに・あなた方に］それらを頼む
6) **contándonoslo** 私たちにそれを語る

4 同時進行を「〜しながら」表す現在分詞

1) **charlando**　2) **escuchando**　3) **pensando**　4) **tocando**　5) **tosiendo**

5 1) **están escuchando** 少年たちはラジオを聴いているところだ。
2) **Estamos llegando** 私たちは駅に着くところだ。
3) **estás haciendo** 君はここで何をしているのですか。
4) **Está lloviendo** 土砂降りの雨が降っているところだ。 🔤llover a cántaros「土砂降りの雨が降る」 📖気象表現は無主語文で、動詞は3人称単数を使う。
5) **está vistiéndose / se está vistiendo** マリアは部屋で服を着ているところだ。
6) **está pintándose / se está pintando** 私の姉はマニキュアを塗っているところだ。
7) **está leyéndome / me está leyendo** 孫が私に新聞を読んでくれているところだ。
8) **Estoy haciéndolo / Lo estoy haciendo** 私がそれをしているところだ。
9) **Estoy preparándoselas / Se las estoy preparando** 私は彼の誕生日用にそれらを用意しているところだ。

6 1) **Ahora los profesores están buscándote [te están buscando].** 今、先生たちは君を探しているところだ。
2) **Todavía sigues viendo la televisión.** まだ君はテレビを見続けている。 🔤seguir + 現在分詞「〜し続ける」
3) **Poco a poco su salud va empeorando.** 少しずつ彼の健康状態は悪化していく。 🔤poco a poco「少しずつ」 🔤ir + 現在分詞「〜していく」
4) **Desde hace tiempo vengo explicándoselo [se lo vengo explicando].** ずっと前から私は彼にそのことを説明してきている。 🔤venir + 現在分詞「〜してきている」 🔤desde hace tiempo「ずっと前から」
5) **Siempre anda quejándose del jefe. / Siempre se anda quejando del jefe.** 彼はいつも上司について不平を言っている。 🔤andar + 現在分詞「〜して回る、〜している」 🔤quejarse de「〜の不平を言う、〜を嘆く」

7 1) **Llevo cinco meses trabajando aquí.** 私は5ヶ月ここで働いています。 🔤llevar「(日時を)過ごす」
2) **Vamos andando hasta el campo de fútbol.** 私たちはサッカー場まで歩いて行きます。 🔤ir + 現在分詞「〜していく」
3) **Sigo leyendo una novela de mi escritor favorito.** 私はお気に入りの作家の小説を読み続けています。 🔤con afán「熱心に」 🔤seguir + 現在分詞「〜し続ける」
4) **Están bañándose en el río que está cerca del colegio.** 学校の近くの川で水浴びをしています。
5) **Vengo investigando este tema desde el año pasado.** 私は去年からこのテーマを研究し続けています。 🔍Vengo investigándolo desde el año pasado. 🔤venir + 現在分詞「〜してきている」

8 1) **Bajando esta calle, llegas a la parada de autobús.**
2) **El cura lleva una hora predicando. / El cura lleva predicando una hora.** 📖cura「司祭」は語尾がaで終わるが、男性名詞。 🔤llevar「(日時を)過ごす」
3) **Saliendo temprano, llegamos al pueblo hoy.**

4) Cuando se pelea con su hermano, entra llorando en casa. / Cuando se pelea con su hermano, entra en casa llorando.

5) Siendo domingo mañana [Siendo mañana domingo], no va a levantarse temprano.

¡Un poco más!

P. 63

1 1) たくさん働けば、君はマンションを買える。　条件を表す分詞構文

2) 子どもたちが中庭で遊んでいるのが窓から見える。　知覚動詞 ver a ＋直接目的語＋現在分詞「〜が…しているのを見る」

3) テレサはいつでも最後には両親を納得させてしまう。　acabar ＋現在分詞「結局は〜する」

4) 私は走って行きます。間もなく電車が出発するので。　様態を表す分詞構文　〜, que …「…なので〜」口語で理由を表すときに使う。　dentro de poco「間もなく」

5) 彼らはライバルだが、お互いを尊重し合っていた。　譲歩を表す分詞構文　respetarse 相互再帰「尊敬し合う」

6) 彼女は私をじっと見ている。　quedarse ＋現在分詞「〜し続ける」

7) 私たちの母は熱いスープを私たちに出してくれる。　スペイン語の現在分詞は、ふつうは名詞を修飾することができない。　例「歌っている少女」× la chica cantando → ○ la chica que está cantando　しかし例外的に ardiendo < arder「燃える」、colgando < colgar「ぶら下がった」、hirviendo < hervir「煮え立つ」は形容詞的に用いられる。　例 agua hirviendo　沸騰している湯

8) 私は彼女が夕食の準備をしているのを見るのが好きだ。　verla は、知覚動詞 ver に直接目的格代名詞 la「彼女を」がついている。

9) 女性は白いＴシャツを黒に染めている。　teñir de「〜に染める」

10) 通常私たちは先週の課を復習して授業を始める。　時を表す分詞構文

2 1) Sigue nevando en la montaña.　seguir ＋現在分詞「〜し続ける」　気象表現 nevar は３人称単数を使う。

2) Estudiando más, podéis conseguir la beca.　条件を表す分詞構文

3) Carmen conduce [maneja] (el coche) escuchando música.

4) El paciente va recuperándose día a día.　ir ＋現在分詞「〜していく」

5) Llevamos viviendo más de diez años en este barrio. / Llevamos más de diez años viviendo en este barrio.　llevar「（日時を）過ごす」

第14章 過去分詞

P. 64

1
1) recibido 受け取る   2) necesitado 必要とする   3) aparecido 現れる
4) ido 行く   5) seguido ～の後について行く、続ける   6) sido ～である
7) dicho 言う   8) abierto 開く、開ける   9) visto 見る
10) hecho 作る、する   11) descubierto 発見する
12) imprimido [impreso] 印刷する　🔖imprimir, freír「油で揚げる」, proveer「用意する」は規則的な過去分詞 (imprimido, freído, proveído) と、不規則形 (impreso, frito, provisto) がある。

2　🔖過去分詞は動詞が形容詞化したものなので、主語や修飾される名詞の性数に合わせて語尾変化をする。
1) pasado   2) cubiertos
3) casada　🔤recién + 過去分詞「～したばかりの」
4) fritas　🔤patatas fritas「フライドポテト、ポテトチップス」   5) cerradas

3
1) han escuchado 聞く、聴く   2) he concedido 与える、認可する
3) habéis distinguido 区別する   4) has caído 落ちる、転ぶ
5) han resuelto 解決する   6) ha suscrito 申し込む
7) nos hemos peinado 髪をとかす　🔖再帰代名詞は活用している haber の前に置く。
8) me he vestido 服を着る

4
1) habéis estado   2) has ahorrado
3) hemos hablado　🔤es que「(理由の説明、言い訳) ～ということだ、実は～なのだ」
4) ha nevado　🔖気象表現は無主語文で、3人称単数を用いる。
5) ha maldecido　🔖maldecir の過去分詞は規則的で、maldecido となる。
6) ha roto
7) Ha hecho, he podido　🔖気象表現は無主語文で3人称単数を用いる。　🔖esta noche は「今晩」と「昨晩」の2つの意味を持つ。　例 Esta noche hablaré con mi padre. 今晩僕は父と話をするだろう。　Esta noche te he oído llorar. 昨晩君が泣くのを聞いた。
8) te has lavado   9) se han quejado　🔤quejarse de「～を嘆く、～の不平を言う」

5
1) han charlado 女性たちはテラスでおしゃべりをした。
2) me he cortado 今日私は髪を切った。
3) Habéis escrito 君たちは会議の報告書を書きましたか。
4) ha devuelto フアンは傘を私に返してくれなかった。
5) hemos visto 私たちは一度もアクション映画を観たことがない。

6　🔖ser 受身は、「ser + 過去分詞 + por + 行為者」で表す。過去分詞は主語の性数に合わせる。

1) **Los documentos son firmados por el alcalde.** 書類は市長によって署名される。
2) **Este artículo de periódico fue escrito por mi tío.** この新聞記事は私のおじによって書かれた。
3) **Las fiestas tradicionales serán mantenidas por el pueblo español.** 伝統的な祭りはスペイン国民によって維持されるだろう。

7 📖知覚動詞、放任・使役の動詞 とともに使われる過去分詞は、直接目的語の性数に合わせる。
1) sentados　　　2) puesta　　　3) abandonadas

8 1) **Los obreros han salido fatigados del taller. / Los obreros han salido del taller fatigados.**　📖過去分詞は主語に性数を合わせる。
2) **Ya tengo escritas las veinte invitaciones.**　📖 tener + 過去分詞「〜してある」　過去分詞は直接目的語に性数を合わせる。
3) **Este mes no ha parado de llover en Asturias. / En Asturias no ha parado de llover este mes.**　🔤 parar de + 不定詞「（継続している活動の中断）〜するのをやめる」
📖気象表現は無主語文で、3人称単数を用いる。

¡Un poco más!

P. 67

1 1) **apoyada**　📖様態を表す過去分詞構文。過去分詞は la cara に性数を合わせる。
2) **Talados**　📖現在の非現実的な譲歩を表す過去分詞構文。過去分詞は los árboles に性数を合わせる。
3) **determinado**　📖時を表す過去分詞構文。過去分詞は el tema に性数を合わせる。
4) **herida**　📖原因を表す過去分詞構文。過去分詞は la señora に性数を合わせる。
5) **Acostumbrados**　📖条件を表す過去分詞構文。過去分詞は los alumnos に性数を合わせる。

2 1) 私はすべての教科書を持ってくるのを忘れた。　🔤 olvidarse a + 人「〜に忘れられる」
2) 多くの移民がアフリカ沿岸で救出された。　📖 3人称複数を使った無人称文。主語を明記せず、他動詞は受身的に訳すことが多い。
3) 『千夜一夜物語』は世界で最もよく読まれている名作の一つだ。
4) この手編みのマフラーは誰のものですか。　🔤 a mano「手で」⇔ a máquina「機械で」

3 1) **Inés se prepara medio dormida por la mañana.**　🔤 Inés は女性の名前。
2) **El estanque está lleno de hojas caídas.**
3) **Hemos probado el vino chileno por primera vez.**
4) **Después de comer [la comida] el bebé siempre se queda dormido.**

第15章 不定詞、知覚・使役・放任の動詞

P. 68

1
1) decir 言う
2) almorzar 昼食を取る
3) vestir 服を着せる
4) soñar 夢を見る
5) ir 行く
6) conducir 運転する
7) levantarse 起きる
8) sentirse 感じる / sentarse 座る

2 📝不定詞とは動詞の活用していない形で、名詞として働く。単純形（例 comer「食べること」）、複合形（例 haber comido「食べたこと」）の2種類がある。例 Me gusta comer con la familia. 私は家族と一緒に食事をすることが好きだ。 Me arrepiento de haber comido tanto. あんなに食べてしまったことを私は後悔している。

1) Pasear 📝不定詞が文頭に置かれて主語になる場合、男性定冠詞がつくことがある。 例 El pasear es bueno para la salud.
2) pasar 🔤desear + 不定詞「～したい」 🏛カンクンは、カリブ海に面したメキシコのリゾート地。
3) aprender 🔤imposible de + 不定詞「～するのが不可能な」 📝el árabe「アラビア語」は文法上 ser の主語で、「アラビア語は不可能だ」となる。また不定詞 aprender の意味上の主語「私」は間接目的語 me となって、「私には不可能だ」となる。
4) volver 🔤al + 不定詞「～するとき、～すると」
5) sacar

3
1) ときどき休むことは重要だ。
2) 車には十分注意しなければならない。 🔤hay que + 不定詞「（一般的な義務・必要性を示し）～しなければならない」 🔤tener cuidado「注意を払う」
3) 私は今すぐ彼 [彼女、あなた] に本当のことを言うつもりだ。 🔤ir a + 不定詞「～するつもりだ」
4) 君と言い争うのはうんざりだ。 🔤estar harto de「～に飽きる、～にうんざりする」
5) 6ヶ月ペルーにいるのに、ジョンはスペイン語をあまりうまく話せない。 🔤a pesar de「～にもかかわらず」 🔤llevar「（日時を）過ごす」

4
1) haber querido 欲する
2) haber construido 建設する
3) haber pedido 頼む
4) haber agradecido 感謝する
5) haber escrito 書く
6) haber olido においがする
7) haberse afeitado ひげを剃る
8) haberse dormido 眠り込む

5
1) haber visto 🔤acordarse de「～を思い出す、覚えている」
2) haberlo recibido 📝スペインでは、直接目的語3人称単数 lo「彼を」の代わりに、le を使うことが多い。 haberle recibido
3) haber terminado 🔤estar contento de「～が嬉しい、満足している」
4) haberlo hecho 🔤deber (de) + 不定詞「～のはずだ、～にちがいない」
5) haberos comportado

📝=文法　🔤=語彙　🔍=作文書き換え　🏛=文化

6 1) Me arrepiento de haber cometido un delito. 🔤arrepentirse de「〜を悔やむ、後悔している」

2) Se alegra de haber viajado con ustedes. 🔤alegrarse de「〜を喜ぶ、うれしく思う」

3) Siento mucho haber llegado tarde el otro día. 🔤el otro día「先日」

4) Deben haber salido ya del hotel. / Deben haber salido del hotel ya. 🔤deber (de) + 不定詞「〜のはずだ、〜にちがいない」

7 1) おじが私を笑わせる。 🔤使役動詞 hacer + 直接目的語 + 不定詞「〜に…をさせる」

2) 子どもたちを遊ばせておきましょう。 🔤放任動詞 dejar + 直接目的語 + 不定詞「〜に…させておく」

3) 私は人々が通りを横切って行くのを眺めている。 🔤知覚動詞 contemplar + 直接目的語 + 現在分詞「〜が…しているのを見る」

4) 私はフリオが公園で犬を散歩させているのを見た。 🔤知覚動詞 ver + 直接目的語 + 現在分詞「〜が…しているのを見る」

5) 私は、マリアが彼女のいとこたちとおしゃべりするのを聞いた。 🔤知覚動詞 oír + 直接目的語 + 不定詞「〜が…するのを聞く」

8 1) La he oído gritar en la calle. 私は彼女が通りで叫ぶのを聞いた。

2) Lo [Le] he hecho esperar dos horas. 私は彼を２時間待たせた。

3) Voy a dejarla dormida. / La voy a dejar dormida. 私は彼女を眠らせておくつもりだ。

9 1) ✕ el niño → ◯ al niño 📝特定の人間が直接目的語のときには、前置詞 a をつける。

2) ✕ voy → ◯ ir 🔤放任動詞 dejar + 直接目的語 + 不定詞「〜に…させておく」

3) ✕ observa los → ◯ los observa 📝直接目的格代名詞 los は、動詞 observa の前に置く。

¡Un poco más!

P. 71

1 1) imprimir 🔤estar por + 不定詞「まさに〜しようとしている」

2) haberte visto

3) revuelta 🔤知覚動詞 encontrar + 直接目的語 + 過去分詞「〜が…されたのを見つける」 過去分詞 revuelta は、直接目的語 casa に性数を合わせる。

4) encendido 🔤放任動詞 dejar + 直接目的語 + 過去分詞「〜に…させておく」 過去分詞 encendido は、直接目的語 ordenador に性数を合わせる。

5) ver 🔤放任動詞 dejar + 直接目的語 + 不定詞「〜を…させておく、するがままにさせる」
📝直接目的語に当たるのは「自分自身」を指す再帰代名詞 se で、「自分自身の姿をおおやけの場で見るがままにさせない」→「おおやけの場に姿を見せない」となる。

2 1) その映画はこの国の現状を私に考えさせた。 🔤使役動詞 hacer + 直接目的語 + 不定詞「〜に…させる」

2) 私の恋人は私に待ちぼうけを食わせた。私は彼を許さないだろう。 🆎放任動詞 dejar a ＋ 人 ＋ plantado「～に待ちぼうけを食わせる」 plantado は直接目的語の性数に合わせる。 例 La he dejado plantada hoy. 今日、私は彼女に待ちぼうけを食わせた。

3) 私は彼女が出て行くのを自分の目で見なかった。

4) 犬は飼い主が近づいてくるのを感じるようだ。 🆎amo は古くは「（召使いの）主人」を意味したが、現在では「持ち主」、「飼い主」を表す。

3 1) Al comer apagamos la televisión.
2) Es ilegal hacer trabajar a los menores por la noche.
3) No quiero oírte hablar mal de ella.
4) La mayoría de los niños sabe [saben] leer y escribir.

第16章 無人称文

P. 72

1 🔖気象現象や、存在を表す hay「～ある、いる」の無主語文は3人称単数を用いる。
1) amanece　　　　2) nieva　　　　3) hace
4) ha dejado [dejó]　🆎dejar de ＋ 不定詞「～するのをやめる」
5) está, hay　🆎ni「～さえ…ない」否定の強調
6) Ha empezado [Empezó]　🆎deber (de) ＋ 不定詞「～にちがいない」
7) ha hecho [hizo]　　8) llueve　　9) Hay
10) anochece

2 1) Son las seis.
2) Son las tres en punto.　🆎en punto「ちょうど」
3) Es la una y cuarto.　🔖1時のみ単数扱いし、その他の時間は複数扱いにする。　🔖スペインでは、一般的に「15分」は quince ではなく cuarto「4分の1」を使う。
4) Son las ocho y veinte.
5) Es la una menos cinco.　🔖1時のみ単数扱いし、その他の時間は複数扱いにする。
6) Son las cinco menos cuarto.
7) Son las siete y media de la mañana.　🔖スペインでは、一般的に「30分」は treinta ではなく media「半分」を使う。
8) Son las cuatro y diez de la tarde.

3 1) diez años que trabajas en esta oficina.　君がこのオフィスで働いて10年になる。
　　en esta oficina desde hace diez años.　10年前から君はこのオフィスで働いている。
2) un mes que no veo a mi hijo.　私は息子に会わなくて1ヶ月になる。
　　a mi hijo desde hace un mes.　1ヶ月前から私は息子に会っていない。

3) **más de dos horas que las señoras charlan en el café.** 女性たちがカフェでおしゃべりをして２時間以上になる。

charlan en el café desde hace más de dos horas. ２時間以上前から女性たちはカフェでおしゃべりをしている。 📖más de「〜以上」

4 📝日付や季節を表す ser は３人称単数、estar は１人称複数を使う。 例 Hoy es el (día) 20 de agosto. / Hoy estamos a 20 de agosto.　今日は８月20日です。

1) **estamos** 　　　　　　　　　　　　　　2) **es**
3) **Se hace**　📖hacerse「（〜の状態に）なる」　4) **estamos**
5) **tenemos**　📝天候は自分を含む地域の人たちに影響するので、１人称複数を使う。
6) **es**
7) **hace**　📝経過期間を表す hacer の３人称単数 hace を前置詞的に使い「〜前に」
8) **es**

5 1) **Huele**　📝oler a ＋ 無冠詞の名詞「〜のにおいがする」　無主語で３人称単数を使う。例 Huele a tabaco. タバコのにおいがする。

2) **basta**　📝bastar con「〜で十分である」　無主語で３人称単数を使う。
3) **suele**　📝soler ＋ 不定詞「いつも〜する」　不定詞が存在を表す haber の場合、soler は３人称単数にする。
4) **han dado [dieron]**　📝dar「（時刻を）打つ、鳴る」　時刻が複数のとき、動詞は３人称複数になる。 例 Ya ha dado la una.　もう１時の鐘が鳴った。
5) **Hay**　📝hay que ＋ 不定詞「〜しなければならない」　一般的な義務や必要性を示す。

6 📝se ＋ ３人称単数の無人称文：誰にも通用する一般的原則を表す。

1) **se va**　　　　2) **Se desayuna**　　　　3) **se vive**
4) **Se puede**　📝se puede pasar の略。　5) **se tarda**

7 📝３人称複数の無人称文：行為者は話し手と聞き手以外の不明な人。他動詞は受身的に訳すことが多い。

1) **Llaman**　　　2) **han robado [robaron]**　　　3) **ponen**
4) **preguntan**　　5) **Terminan**

¡Un poco más!

P. 75

1 1) **Dicen**　📝天気予報のなかで語られている事柄なので、行為者に話し手と聞き手は含まれない。３人称複数の無人称表現を使う。

2) **Se debe**　📝誰にも通用する一般的原則を表す。
3) **Hay**　📝存在を示す hay は３人称単数で用いられる。
4) **pusieron**　📝実際に罰金を科すのは警察官だが、動詞を３人称複数にして主語を明記しない。
5) **han llamado**　📝行為者を特定できない、あるいは特定しにくい第三者の場合、３人称複数の無人称表現を使う。

2 1) 今日の午後デモがあると私は言われた。

2) 帰宅途中で日が暮れていった。　🔤ir + 現在分詞「〜していく」　🔤hacerse de noche「日が暮れる」

3) 今ニューヨークは昼だ。

4) 人は秘密を持っているものだ。　📝uno / una は、行為者を暗にほのめかしながら他の誰にでも当てはまる事柄を述べ、「人は〜」とぼかして訳す。

5) スペインで、私はいつも中国人と間違われる。　🔤tomar por「〜とみなす、取り違える」

3 1) ¿Cómo se dice "arigatou" en español?

2) Cuando lo [le] invitan a una fiesta, siempre va [suele ir] con su esposa.

🔆Siempre que lo [le] invitan a una fiesta, va con su mujer.　🔤siempre que + 直説法「〜するときはいつも」

3) Hay que conducir [manejar] (el coche) con precaución cuando llueve.

🔆Bajo la lluvia tenemos que conducir [manejar] (el coche) con cuidado.　📝一般的原則を語る場合、hay que + 不定詞「〜しなければならない」を使う。また、主語を私たち nosotros として tenemos que + 不定詞 を使うこともできる。

4) Aquí nieva mucho debido al viento helado de la montaña.　🔆Aquí está nevando mucho por el viento frío que baja desde [de] la montaña.　📝雪が降る進行状態を強調するならば、estar + 現在分詞の進行形を使う。

¿Repasamos? 4

第13章〜第16章

P. 76

1.　3) → 2) → 5) → 1) → 4)

訳）親愛なる友だちエレナへ

3) こんにちは、元気ですか。ずいぶんあなたからの便りをもらっていませんね。マラガでの休暇はどうでしたか。

2) 町は気に入りましたか。マラガ郊外のどこかへ行きましたか。

5) こちらは相変わらずです。私は夏中ほとんどマドリードにいました。

1) 母も私と一緒に残っていました。母は3ヶ月前に心臓を患いましたが、今はずいぶん良くなりました。いつもあなたはどうしているかと言っています。

4) それでは、返事を待っています。

かしこ　マリア

2.　1) 私はテラスでお茶を飲みながら小説を読むのが好きだ。

2) 私たちは、誰かが地下室ですすり泣いているのを聞いた。

3) 君はスピードを出しすぎると、罰金を科せられますよ。　📝罰金を科すのは警官だが、3人称複数を使って主語を表さず、「〜される」とする。　🔤correr rápido「（車などで）速く走る」

4) ずいぶん君を待たせましたか。

169

3. 1) **No se puede aparcar (el coche) en esta calle.**   🗨 Está prohibido aparcar (el coche) en esta calle.
   2) **No quiero haceros trabajar más.**
   3) **Su solicitud no está preparada todavía.**
   4) **No queremos verte hacer [haciendo] esas tonterías.**

Matar dos pájaros de un tiro.
一石二鳥

第17章 直説法点過去

P. 78

1 1) **escribimos** 書く　　2) **subiste** 上る　　3) **jugasteis** 遊ぶ
   4) **volvieron** 戻る　　5) **partió** 出発する　　6) **busqué** 探す
   7) **almorzó** 昼食を取る　　8) **creíste** 信じる、思う　　9) **oyeron** 聞く
   10) **llegamos** 到着する　　11) **contó** 語る、数える　　12) **empecé** 始める
   13) **pegué** くっつける、殴る　　14) **huisteis** 逃げる　　15) **te lavaste** 洗う
   16) **se metió** 入りこむ

2 1) **estudiasteis**　　2) **viví**
   3) **Regresó**   🔤hace「〜前に」
   4) **gustó**   🗨文法上の主語は la película
   5) **cayó**   🔤caer 〜「(望ましくない状態)になる」　🔤hace poco「少し前に」
   6) **fregué**　　7) **visitaron**

170

8) **Nos sentamos** 🔤delante de「〜の前に」
9) **me levanté**　　　10) **se acostaron**

3 1) **durmió** 眠る　　2) **anduvimos** 歩く　　3) **quisiste** 欲する
4) **pudisteis** 〜できる　5) **fui** 〜である　　　6) **satisfizo** 満足させる
7) **condujo** 運転する　　8) **estuvo** 〜である、〜にいる　9) **supiste** 知っている
10) **se hicieron** 〜になる

4 1) **tuvo** 🔤tener que+不定詞「〜しなければならない」 🔤dejar de + 不定詞「〜するのをやめる」
2) **dimos**　　3) **se fueron** 🔤sin + 不定詞「〜することなく」
4) **trajiste**　5) **se puso, vio** 🔤ponerse + 形容詞「〜の状態になる」

5 1) **Fue el secretario de don Gregorio por dos años.** 彼は2年間グレゴリオ氏の秘書だった。
2) **¿Dónde pusiste la maleta cuando llegaste al hotel?** 君はホテルに着いたとき、どこにスーツケースを置きましたか。
3) **Te dijimos la verdad anoche.** 昨夜私たちは君に真実を言った。
4) **Hubo dos incendios cerca de aquí anteayer.** 一昨日この近くで2件の火事があった。
　📝hubo は存在を表す haber の3人称単数点過去　🔤cerca de「〜の近くに」

6 1) **Dormí ocho horas.** 私は8時間眠りました。
2) **Pedí una ensalada mixta.** 私はミックスサラダを注文しました。
3) **El director pagó la cuenta. / La pagó el director.** 部長が払いました。 📝la は la cuenta を指す。
4) **Se casaron en su parroquia.** 自分たちの教区教会で結婚しました。
5) **Me tocó hace un par de días.** 数日前に当たりました。 📝tocar の主語は la lotería
　🔤un par de「2つの、いくつかの」

7 1) **Mi abuelo murió en 2012 a los ochenta y cinco años. / En 2012 mi abuelo murió a los ochenta y cinco años.** 📝a は時点を示す。 例 **Empezó este trabajo a los quince años.** 彼は15歳でこの仕事を始めた。
2) **Paula se sentó en la terraza y pidió un café.**
3) **Anteayer perdisteis el tren por un atasco.**
4) **Sus campos produjeron buenas cosechas.**
5) **Aquel día te equivocaste, pero no quisiste reconocerlo.** 📝直接目的格人称代名詞「〜を」の中性形 lo は、te equivocaste「君が間違った」を指す。

¡Un poco más!

P. 81

1 1) **realizó** 昨年首相はブラジルへの公式訪問を実現した。
2) **consiguió** 彼は恋人に助けてもらって、うつ病を克服した。

3) **eché** 私は新聞の見出しに目を通した。 🔤echar una ojeada「〜にざっと目を通す」
4) **impuso** 先生は話し始める前に静粛を求めた。 🔤antes de「〜する前に」 🔤empezar a + 不定詞「〜し始める」
5) **mantuviste** 君は自分の給料で家族全員を養いましたか。

2 1) 私がどんなにブランカに恋していたか君は知らない。 🔤中性の定冠詞 lo + 形容詞・副詞 + que「どんなに〜か」 🔤estar enamorado de「〜に恋している」
2) 美術館は建物正面の修復のため10日間閉館した。
3) スペインとドイツのサッカーの試合は1対1の引き分けに終わった。 🔤empate a「〜対〜の同点、引き分け」
4) 彼らは経済的な問題で口論になり、長い間言葉を交わさなかった。 🔤dirigir la palabra「話しかける」 dirigirse は相互再帰で「言葉を交わす」
5) 私は2日前に窃盗の知らせを聞いたが、いまだに怖い。 🔤enterarse de「〜を知る、〜に気づく」 🔤hace「〜前に」

3 1) El domingo pasado fuimos a un restaurante [al restaurante] de comida peruana. 🔍El domingo pasado fuimos a un restaurante [al restaurante] peruano.
2) ¿Por qué no vinisteis aquí anteayer?
3) Gustavo se hizo médico de un pueblo [del pueblo].
4) La manifestación fue disuelta por la fuerza pública. 📖ser 受身 ser + 過去分詞（過去分詞は主語に性数を合わせる）+ por + 行為者
5) Les expliqué el problema ecológico, pero no lo entendieron. / Aunque les expliqué el problema ecológico, no lo entendieron. 📖lo は el problema ecológico を指す。 📖lo「それ」を me「私の言うこと」にしてもよい。Les expliqué el problema ecológico, pero no me entendieron.

第18章 直説法線過去

P. 82

1 1) **estaba** 〜である、〜にいる　　2) **recibías** 受け取る
3) **debíais** 🔤deber (+不定詞)〜しなければならない
4) **nadaba** 泳ぐ　　5) **prefería** 〜の方を好む
6) **podíamos** (+不定詞)〜できる　　7) **veía** 見る
8) **eran** 〜である　　9) **íbamos** 行く
10) **se llamaba** 〜という名前である　　11) **os lavabais** 洗う
12) **se divertían** 楽しむ

2 1) iba
2) había 📝存在の意味を示す hay の直説法線過去は、3人称単数 había を使う。
3) tenías 4) jugabais 5) preparaba, limpiaban
6) Eran 7) apetecía, dolía 8) gustaba 🔤de joven「若いころ」
9) soplaba 10) solíamos

3 📝間接話法の主動詞が過去時制のとき、従属節の直説法現在の動詞は時制の一致のため線過去になる。
1) Ellos dijeron que participaban en un concurso de coros.　彼らは合唱コンクールに参加すると言った。
2) Luis me preguntó si quería cenar con él.　ルイスは一緒に夕食を食べないかと私に尋ねた。　📝sí / no で答えられる疑問文は、si「〜かどうか」を用いて間接疑問文を導く。
3) Carmen le preguntó a su amigo a dónde iba.　カルメンは友達にどこへ行くのかと尋ねた。　📝疑問詞を持つ疑問文は、その疑問詞を用いて間接疑問文を導く。

4 📝婉曲表現は、直説法線過去、直説法過去未来、接続法過去を使って表す。主に querer, desear などの願望や、deber, tener que などの義務を表す動詞で用いられる。
1) decía 2) debías 3) deseaban

5 1) a. 私たちはオーストラリア人の先生と英語を勉強していた。　b. 私たちは3年間英語を勉強した。
2) a. 私は劇場へ行くのが好きだった。　b. 私は昨日の劇が気に入った。

6 1) había
2) hicimos 📝現在分詞 escuchando「〜しながら」を使って同時進行を示す。
3) iba 🔤dentro de poco「〜すぐに、間もなく」
4) quería 📝線過去を使った婉曲表現
5) compré
6) dijo, estaba
7) tenían, planeó 🔤como「（文頭で）〜なので」
8) veíamos, sonó, quiso 🔤de repente「突然、いきなり」
9) estaba, entró, nos sorprendimos
10) nos levantábamos, desayunábamos, me quedé, tomé 🔤a solas「一人で、助力なしで」

¡Un poco más!

P. 85

1 1) Susana escuchaba la radio todas las mañanas. / Todas las mañanas Susana escuchaba la radio.
2) Entonces había pocas casas por aquí. / Por aquí había pocas casas entonces.
📝存在を示す hay の線過去は3人称単数を使う。　🔤poco「少ししか〜ない、ほとんど〜ない」
3) Cuando hablaba por teléfono con mi amigo, Víctor vino a visitarme. / Víctor

vino a visitarme cuando hablaba con mi amigo por teléfono.

2 1) 道がとても狭かったので、彼は事故を回避することができなかった。
2) 講座で必要だったので、昨日私は息子たちに本を郵送した。　🔤 puesto que「〜だから、〜である以上」
3) 子供のころ、私たちはハカにあるおじ夫婦の家へよく行ったものだ。それは３階建てのとても大きな家だった。おじが大工だったので、下には仕事場があった。　🔤 grandísima は形容詞 grande の絶対最上級「非常に大きい」

3 1) María me dijo que iba a estrenarse [se iba a estrenar] una película española.
2) La madre siempre se quejaba de las travesuras de su hijo.
3) Cuando me desperté [Al despertarme], ya eran las doce del mediodía.

第19章 関係詞

P. 86

1 📝 指示代名詞は、指示形容詞と混同する可能性がある場合にアクセント符号をつけて区別する。
1) **Este es el libro que me gusta.** これは私の好きな本です。
2) **Esta es la película que viste.** これは君が見た映画だ。
3) **Este es el chico que habla bien inglés.** こちらが英語を上手に話す男の子です。
4) **Esta es la cámara que Luis compró ayer.** これはルイスが昨日買ったカメラです。
5) **Estos son los alumnos que vienen de Alemania.** こちらはドイツからやってきた学生たちです。

2 1) **La amiga se llama Carmen.** 友人の名前はカルメンです。
La amiga cocina bien. 友人は料理が上手い。
2) **La montaña está cubierta de nieve.** 山は雪で覆われている。
Se ve la montaña desde aquí. 山はここから見える。　🔤 estar cubierto de「〜で覆われている、満ちている」
3) **Las damas son muy elegantes.** 貴婦人たちはとても優雅だ。
Las damas están bailando el vals. 貴婦人たちはワルツを踊っている。

3 1) que
2) que　📝 quien を使う場合、直前に前置詞、あるいはコンマ「,」を置く。 例 Esta es la chica de quien te hablé ayer. こちらが昨日私が君に話した女の子です。 El médico, quien me vio, era joven. その医者は、私を診察した医者なのだが、若かった。
3) cuyo　📝 関係形容詞 cuyo は、後ろの名詞 nombre に性数を一致させる。
4) lo cual　📝 先行詞は、前文の「彼が両親に手紙を書かないこと」

5) La que 📝関係詞自体が先行詞の意味を含む用法は、quien, el que, los que, la que, las que, lo que, cuanto, cuando, donde, como で用いられるが、que にこの用法はない。 🏛María José は女性の名前。 José María は男性の名前。

4 1) **donde** 🔤hace「〜前に」
2) **cuando**
3) **como** 🔤nada「まったく〜ない」
4) **como** 🔤tener que + 不定詞「〜しなければならない」 📝como は先行詞 (la manera, el modo) を含む関係副詞。 Tenemos que prepararlo (por [de] la manera) como nos ha dicho el jefe.
5) **donde**

5 📝スペイン語では、前置詞を文末に残さずに関係詞の前に置く。 例 × Esta es la escuela que mi hijo estudia en. → ○ Esta es la escuela en (la) que mi hijo estudia. これが息子が勉強している学校だ。
1) **a** 🔤referirse a「〜に言及する」   2) **delante** 🔤delante de「〜の前に」
3) **con** 🔤casarse con「〜と結婚する」

6 📝ser + 関係詞の強調構文では、主語、目的語などの要素を ser に続けて文頭に出し、その要素に応じた関係詞を用いて強調する。 ser の時制は現在、または関係節内の動詞と同じ時制になる。 例 Es [Fue] Juan el que llegó tarde ayer. 昨日遅刻したのはフアンだ［だった］。
1) **donde**   2) **quien**   3) **donde**   4) **cuando**

7 1) La gente que vive en el pueblo trabaja mucho.
2) Ya no tengo nada que decir. 📝関係詞 + 不定詞「〜すべき」
3) El testigo ha explicado al juez el modo como se chocaron los dos coches.
4) Es con Sara con quien Pedro quiere trabajar. / Es con Sara con quien quiere trabajar Pedro. 📝スペイン語では関係詞の前に前置詞を置く。 × Es Sara quien Pedro quiere trabajar con.

¡Un poco más!

P. 89

1 1) **que** 📝quien を使う場合、直前に前置詞、あるいはコンマ「,」を置く。 例 Esta es la chica de quien te hablé ayer. こちらが昨日私が君に話した女の子です。 El médico, quien me vio, era joven. その医者は、私を診察した医者なのだが、若かった。
2) **cuya** 📝cuyo は後ろの名詞 madre に性数を合わせる。
3) **que [a quien, a la que]** 📝先行詞が人でも que は直接目的語につく前置詞 a をともなわない。 quien と la que は a をともなう。

2 1) 昨日私が電話した男性は私の義理の兄 [弟] だ。

2) フアンが愛しているのは君だよ。

3) クリスティーナが家を出ることを決めたのは夫の虐待のせいだった。　📖 por los malos tratos de su marido を強調する強調構文

4) 女性は店にあるチョコレートボンボンを全て買った。　📖 cuantos bombones = todos los bombones　📖 cuanto は後ろの名詞に性数を合わせる。

5) 病院へ運ばれた10人のうち3人が意識不明だった。　📖 ser 受身「ser ＋ 過去分詞 ＋ por ＋ 行為者」で表す。過去分詞は主語の性数に合わせる。

3 1) Invitamos [Invitaremos, Vamos a invitar] a los amigos que estudian chino.
2) Su casa está en la [una] colina desde donde se ve [vemos, podemos ver] el mar.
3) Como tengo muchas cosas [mucho] que hacer, vuelvo pronto a casa.
4) El enfermero [La enfermera] que busca usted está en la sala de consulta.

¿Repasamos? 5　第17章〜第19章

P. 90

1. 1) 美容院にいた　　2) 夜　　　　3) 一日中　　　　　　4) 頭痛がして家にいた
　 5) 姉 [妹] を訪ねた　6) 午前　　　7) 床のふき掃除をした　8) 昼食後
　 9) 午後　　　　　10) 乗馬をして楽しく過ごした

　訳）月曜日の午後、マイテは美容院にいた。火曜日の夜は友人と夕食に出かけた。水曜日は頭が痛くて一日中家にいた。木曜日の午前11時に姉 [妹] を訪ねた。金曜日の午前は床のふき掃除をした。土曜日の昼食後に郊外へ出かけて、日曜日の午後は乗馬をして楽しく過ごした。

2. 1) 私は人口約千人の小さな村で生まれた。
　 2) 当時、村には電気も水道もなかった。
　 3) 昨日私たちが通った道はアスファルト舗装がされていなかった。

3. 1) Aquel invierno hizo un frío insoportable.　📖 frío に形容詞がつくと、不定冠詞が必要となる。
　 2) Cuando era niño/ña [De niño/ña] nadaba [solía nadar] en este lago.
　 3) Ella dijo todo lo que sabía.　🔍 Ella dijo cuanto sabía.

Echar margaritas a los puercos.
豚に真珠

第20章 直説法未来

P. 92

1
1) **andaré** 歩く
2) **irá** 行く
3) **será** 〜である
4) **tomaréis** 取る
5) **saldrá** 出発する
6) **harás** 作る、する
7) **querrán** 欲する
8) **nos pondremos** 身につける、〜になる
9) **se quitarán** 脱ぐ
10) **me vestiré** 服を着る

2
1) **ayudará** 明日ホセは私を手伝ってくれるだろう。
2) **nos sentaremos** 私たちは1列目に座るだろう。
3) **prestarás** 君は彼に車を貸すだろうか。
4) **me lavaré** 家に着くと、まず私は手を洗うだろう。
5) **Caminaremos** 駅まで歩きましょうか。

3
1) **Subiréis**
2) **mejorará** 🔤poco a poco「少しずつ」
3) **Te ducharás**
4) **Practicaremos**
5) **Viajarán**

4
1) **presentaremos**
2) **cambiará**
3) **tocaréis**
4) **regresarán**
5) **tendremos** 🔤tener que + 不定詞「〜しなければならない」
6) **vendrá** 🔤si「〜かどうか」
7) **se alegrarán** 🔤alegrarse de「〜を喜ぶ」
8) **se hará** 🔤hacerse「〜になる」

9) **te darás**　🔤darse cuenta de「～に気づく」

5 1) **Ellos no sabrán el secreto.** 彼らは秘密を知らないだろう。
2) **Esta confesión será falsa.** この告白は偽りだろう。
3) **Habrá unas mil personas en la sala del concierto.** コンサート会場には約1000人いるだろう。　📝存在を示す hay の直説法未来は3人称単数を使う。　📝数詞の前に不定冠詞 unos, unas をつけると「およそ」の意味を表す。
4) **Mi sobrino estará en el parque.** 甥は公園にいるだろう。
5) **Los clientes serán puntuales.** 顧客は時間に正確だろう。

6 1) dirás　　　　2) descansaremos　　　　3) esperarás

7 1) **¿Cuándo será su boda?** 彼の結婚式はいつだろうか。　🔤ser「行なわれる、開催される」
2) **¿A quién invitarás [invitará usted] a la cena?** 君は[あなたは]誰を夕食に招待するだろうか。
3) **¿Dónde trabajarán tus [sus] tíos?** 君の[あなたの]のおじ夫婦はどこで働くだろうか。
4) **¿A qué hora te acostarás [se acostará usted]?** 君は[あなたは]何時に寝るだろうか。
5) **¿Qué compraréis [comprarán ustedes, compraremos] aquí?** 君たちは[あなた方は、私たちは]ここで何を買うだろうか。

8 1) **La niña se vestirá pronto sola. / La niña se vestirá sola pronto.**
2) **Mañana nosotros iremos al aeropuerto para despedirnos de ti. / Para despedirnos de ti iremos al aeropuerto mañana.**　🔤despedirse de「～と別れる」
3) **Le gustará la comida japonesa.**　📝直説法未来を使った現在推量

¡Un poco más!

P. 95

1 1) **estarán** 私の同僚たちはこの提案に賛成だろう。　🔤estar de acuerdo「意見が一致している」
2) **cabrán** トラックにはもうこれ以上箱は積めないだろう。
3) **será** 提出期限は今日だろう。
4) **tendrá** 彼女は60歳くらいだろうが、そうは見えない。　📝直接目的格代名詞「～を」の中性形 lo は、ser, estar, parecer の主格補語として名詞、形容詞などを受ける。複数形や女性形の場合でも常に lo となる。　例 ¿Eres erpañola? – Sí, lo soy. 君はスペイン人ですか。 – はい、そうです。
5) **valdrá** このダイヤモンドは100万円以上するだろう。　🔤más de「～以上」

2 1) この夏スサナはスイスで休暇を過ごすだろうが、来年はマドリードにいるだろう。
2) 彼の[彼女の]マンションはいくらですか。15万ユーロくらいでしょう。　📝数詞の前に不定冠詞 unos, unas をつけると「およそ」の意味を表す。　📝直説法未来を使った現在推量
3) アレルギーに苦しむ人がますます増えるだろう。　📝存在を示す hay の直説法未来は3人称単数を使う。

4) フェリペが会いに来ても、私は彼と話す時間がないだろう。　📖aunque + 接続法現在　現在や未来の譲歩「たとえ〜であっても」

5) 申込者は一番窓口で用紙をもらってください。　📖直説法未来を使った命令表現

6) あと30分彼を[あなたを]待ちましょう。　📖直接目的格代名詞3人称男性単数 lo が人「彼を」「あなたを」を表す場合、スペインでは lo ではなく le を使うことが多い。

3 1) El próximo mes cumpliré veinte años.
2) ¿Qué hora es? -No sé exactamente. Serán las cinco.　📖直説法未来を使った現在推量
3) Ellos sabrán pronto el resultado del examen.
4) Nunca volveremos a cometer el mismo error. / No volveremos a cometer nunca el mismo error.
5) En este momento ellos estarán disfrutando de sus [las] vacaciones.　🔍En este momento ellos estarán pasando unas buenas vacaciones.　📖直説法未来を使った現在推量

第21章 直説法過去未来

P. 96

1 1) **esperaría** 待つ　2) **correrías** 走る　3) **acudiríamos** 駆けつける
4) **veríais** 見る　5) **sabrían** 知っている　6) **saldría** 出る
7) **cabrían** 入りうる　8) **harían** する、作る　9) **se lavaría** 洗う
10) **me opondría** 反対する

2 📖過去未来は、過去のある時点から見た未来の事柄を表す。
1) volvería　　2) bebería　　3) pasarían
4) habría　📖存在を示す hay の過去未来は3人称単数 habría を使う。　🔤dentro de poco「もうすぐ、近いうちに」
5) llegarían

3 1) **no volvería a hacerlo** 彼は再びそれをすることはないだろうと私に言った。　🔤volver a + 不定詞「再び〜する」
2) **Santiago me respondería así** サンティアゴは私にそのように返事をするだろうと私は思っていた。
3) **le gustaría aquel regalo** 彼はあのプレゼントを気に入るだろうかと君は私に尋ねた。
📖sí / no で答えられる疑問文は、si「〜かどうか」を用いて間接疑問文を導く。　📖este regalo は、間接話法で aquel regalo となる。

4 1) **Sería**　📖時刻の表現は、1時だけ単数扱いにする。　2) **pasaría**

3) diría　📖 eso 指示代名詞中性形「そのこと」　　4) Estarían

5　📖 過去未来を用いて、過去の推量文を作る。　例 Entonces Olga tenía miedo. そのときオルガは怖かった。 → Entonces Olga tendría miedo. そのときオルガは怖かっただろう。

1) **Serían las once de la mañana.** 午前11時ごろだっただろう。
2) **Habría un congreso internacional en este hotel.** このホテルで国際会議があったのだろう。　📖 存在を示す hay の過去未来は 3 人称単数 habría を使う。
3) **El médico le aconsejaría dejar de fumar.** 医者は彼にタバコをやめるように忠告しただろう。　🔤 dejar de + 不定詞「〜するのをやめる」

6　1) **Serían las diez cuando llegaron al aeropuerto.**
2) **Llegaría a tiempo a la reunión.**　🔤 llegar a tiempo「間に合う」
3) **Tendrías mucha hambre después de haber trabajado tanto.**

7　📖 婉曲表現は願望 (querer, desear など) や、義務 (tener que, deber など) に用いる。

1) gustaría　　　2) Podría　　　3) querría
4) necesitarías　5) tendríamos　6) importaría
7) Sería　🔤 cara a cara「面と向かって」　8) desearía

8　📖 si 節を使わない条件文で、現在の非現実的なことがらを表す。

1) **podría**　📖 contigo = si yo estuviera contigo
2) **vendrían**　📖 de + 不定詞「〜したら」de no estar tan lejos = si ellos no estuvieran tan lejos　🔤 dentro de「〜後に」
3) **aprobarías**　📖 条件を示す分詞構文　estudiando un poco más = si tú estudiaras un poco más
4) **haría**　📖 sin ti = si yo estuviera sin ti
5) **estaría**　📖 en su propia casa = si él estuviera en su propia casa

¡Un poco más!

P. 99

1　1) **Tardarían**　🔤 tardar + 期間 + en「〜するのに…かかる」　🔤 más de「〜以上」
2) **abandonarían**　🔤 darse cuenta de「〜に気づく」
3) **Se acostaría, pegarían**　🔤 pegar las sábanas a + 人「朝寝坊をする、遅く起きる」
4) contaría
5) Serían
6) **podríais**　📖 sin su ayuda = si vosotros no tuvierais su ayuda
7) **Tendríamos**　🔤 tener la obligación de「〜の (する) 義務がある」
8) se exiliaría

2　1) **Él prometió a sus padres que regresaría para [antes de] la Semana Santa.**

ABC para「(期限) 〜までに」　ABC antes de「〜の前に」

2) ¿Quién le pondría una trampa?
3) Deberías ser más paciente.
4) ¿Dónde la conoció? -La conocería en la universidad.
5) Me gustaría viajar por toda Europa.

第22章 接続法現在（1）

P. 100

1
1) reciban　受け取る　　2) pasees　散歩をする　　3) leáis　読む
4) alcancen　追いつく、達成する　5) coja　取る　　6) busques　探す
7) pague　払う　　8) veamos　見る　　9) vayas　行く
10) sepan　知る　　11) oiga　聞く　　12) conduzcamos　運転する
13) duermas　眠る　　14) nos quitemos　脱ぐ
15) me ponga　身につける、〜になる　　16) se siente　座る

2　<疑惑文で使われる接続法>　疑惑文では疑惑が強ければ接続法を、確信が強ければ直説法を使う。
1) abra　　2) quieran　　3) sea　ABC lo que「〜のこと」
4) estén　　5) se den　ABC darse cuenta de「〜に気づく」

3
1) quizá espere el próximo autobús. / quizá lo espere.　はい、たぶん次のバスを[それを]待つだろう。
2) quizá cenemos en un restaurante.　はい、たぶんレストランで食事をするだろう。
3) quizá se casen el año que viene.　はい、たぶん来年結婚するだろう。

4　<願望文で使われる接続法>　願望文は ¡Ojalá que + 接続法！/ ¡Ojalá + 接続法！/ ¡Que + 接続法！ で表す。実現の可能性のある願望には接続法現在を、実現困難、または実現の可能性のない場合は接続法過去を使う。
1) escriba　　2) terminemos　　3) llueva
4) se porten　　5) se mejore

5
1) ¡Ojalá viaje (por España este verano)!　（この夏スペインへ）旅行できるといいなあ。
2) ¡Ojalá me toque!　当たればいいなあ。
3) ¡Ojalá se haga abogado!　弁護士になれればいいなあ。　ABC hacerse「〜になる」

6　<名詞節内で使われる接続法>
1) lleguemos　難易を表す価値判断 ser difícil que + 接続法「〜するのは難しい」
2) tarden　否定された思考 no creer que + 接続法「〜とは思わない」　ABC tardar en + 不定

詞「～するのに時間がかかる」

3) guardes 📖勧告 aconsejar que + 接続法「～するように勧める」

4) se conozcan 📖可能性 poder の3人称単数 + (ser) que + 接続法「～することはあり得る、～であるかもしれない」 🔤conocerse 相互再帰「知り合いである、互いに知っている」

5) te acuerdes 📖喜び alegrarse de que + 接続法「～して嬉しい」 🔤acordarse de「～を覚えている、思い出す」

7 📖可能性を表す価値判断 ser posible que + 接続法「～するかもしれない」

1) sepan nadar 泳げるかもしれません。 🔤saber + 不定詞「（技術的に）～できる」

2) salga bien うまくいくかもしれません。 🔤salir bien「成功する、（結果が）良い」

3) haga buen tiempo (mañana) （明日）天気がいいかもしれません。

8 **1) apruebe** 📖疑惑 dudar que + 接続法「～とは思えない、～を疑う」

2) vuelven 📖decir que + 直説法で単なる伝達を表し、decir que + 接続法 で命令の伝達を表す。

3) entregue 📖依頼 pedir que + 接続法「～するように頼む」

4) permitan 📖実現可能な願望文は接続法現在を使って表す。

5) tengo 📖asegurar que + 直説法「～を保証する」

6) se enfadan 📖estar claro que + 直説法「～は明らかだ」 🔤enfadarse con「～に腹を立てる」

7) colaboren 📖実現可能な願望文は接続法現在を使って表す。

8) gane 📖no ser seguro que + 接続法「～は確かではない」 否定を表す場合、que 以下に接続法を用いる。

9) están 📖parecer que + 直説法「～らしい、～のようだ」で、creer que とほぼ同義。ただし疑問文「～してはどうか」を使って勧誘を表すときは接続法を使う。 例¿Te parece que comamos en este restaurante? 「このレストランで食事をしてはどうですか」

10) llega 📖a lo mejor「たぶん、おそらく」は疑惑を表すが、直説法を使う。

11) aprendamos 📖命令 mandar que + 接続法「～するよう命じる、言う」 🔤aprender de memoria「暗記する」

¡Un poco más!

P. 103

1 **1) Quizá te llegue hoy un paquete. / Quizá hoy te llegue un paquete.** 📖疑惑が強い疑問文には接続法を使う。

2) ¡Ojalá que podamos veranear en una isla tropical! 📖実現可能な願望文は接続法現在を使う。

3) Será mejor que usted deje de fumar. 📖価値判断 ser mejor que + 接続法「～する方がよい」 🔤dejar de + 不定詞「～するのをやめる」

2 **1)** 母親は子供に１時間以上テレビゲームをしないように言う。 📖命令の意味を持つ decir que +

接続法「~するように言う」　🔤más de「~以上」
2) 私たちが選挙で過半数を獲得できますように！　📝実現可能な願望文は接続法現在を使う。
3) おそらく少女は家族の秘密を知っているだろう。　📝疑惑が強い疑惑文には接続法を使う。
4) 貴重品には十分ご注意ください。　📝実現可能な願望文は接続法現在を使う。　🔤tener cuidado con「~に気をつける」　🔤objeto de valor「貴重品」
5) 私たちは一年に一度健康診断を受ける必要がある。　📝価値判断 ser necesario que + 接続法「~することが必要だ」

3 1) El médico te aconseja que comas mucha(s) verdura(s).　📝勧告 aconsejar que + 接続法「~するように勧める」
2) Me extraña que Ángel no aparezca por aquí.　📝奇異 extrañar que + 接続法「奇妙に思わせる」
3) No creemos [pensamos] que se recupere tan pronto la situación.　📝否定された思考 no creer que + 接続法「~とは思わない」
4) ¡Que le guste mi regalo a Marisa!　🔍¡Ojalá [Ojalá que] le guste a Marisa este regalo!　📝実現可能な願望文は接続法現在を使う。
5) Me alegro de que yo te sirva de algo.　📝喜び alegrarse de que + 接続法「~してうれしい」

第23章 接続法現在（2）

P. 104

1 <形容詞節内で使われる接続法>　📝関係詞の先行詞が具体的なものでなかったり、先行詞が否定されている場合、形容詞節内の動詞は接続法にする。
1) hable　🔤hablar mal de「~の悪口を言う」　2) cocine
3) tengan　🔤los que「~の人たち」　📝誰が水着を持っているかわからないのなら接続法 tengan を使い、わかっているなら直説法 tienen を使う。

2 1) Buscamos un intérprete que nos acompañe en el viaje de negocios.　私たちは出張に一緒に行ってくれる通訳を探している。
2) Voy a regalar a Ana un perfume que le guste.　私はアナが気に入る香水をプレゼントしよう。
3) Ellos necesitan algún abogado que defienda bien a los clientes.　彼らはしっかりと顧客を守る弁護士が必要だ。

3 1) tiene　📝彼らが住む家はすでに存在しているので、形容詞節内の動詞を直説法にする。
2) interese　📝先行詞が否定の場合、形容詞節内の動詞を接続法にする。
3) esté　📝疲れている人がいるかどうかわからないので、形容詞節内の動詞を接続法にする。

📝=文法　🔤=語彙　🔍=作文書き換え　🏛=文化　183

4 <副詞節内で使われる接続法>

1) escuchen 📖目的を示す副詞節 para que + 接続法「～するために」 🔤en voz alta「大きな声で」

2) tengan 📖条件を示す副詞節 en caso de que + 接続法「～する場合には」

3) sepas 📖時を示すを示す副詞節 en cuanto「～するとすぐ」は、未来のことを示すとき接続法を使う。

5 📖時を示す cuando の副詞節では、未来のことを表すとき、直説法未来ではなく接続法現在を使う。

1) Cuando llegue a la estación, te llamaré por teléfono. 駅に着いたら、私は君に電話をかけるだろう。

2) Cuando deje de llover, saldremos de paseo. 雨がやんだら、私たちは散歩に出るだろう。 🔤dejar de + 不定詞「～するのをやめる」

3) Cuando termine de leer la novela, la devolveré a la biblioteca. 小説を読み終わったら、私はそれを図書館に返却するだろう。 🔤terminar de + 不定詞「～し終える」

6 📖仮定的な譲歩は aunque + 接続法「たとえ～であっても」で表す。

1) no iré al médico aunque me encuentre mal. いいえ、たとえ体調が悪くても、医者には行かないでしょう。 🔤encontrarse「（ある場所・状態に）ある、いる」

2) no iremos de veraneo aunque haga calor. いいえ、たとえ暑くても、私たちは避暑には行かないでしょう。

3) no cogeré un taxi aunque se retrase el autobús. / no lo cogeré aunque se retrase el autobús. いいえ、たとえバスが遅れても、私はタクシーには乗らないでしょう。

7 **1) salen** 📖時を示す副詞節 después de que「～した後で」は、習慣を表すときは直説法を使う。

2) puede 📖先行詞は実在の人物なので、形容詞節内の動詞は直説法にする。

3) pida 📖条件を示す副詞節 a menos que + 接続法「～でないかぎり」

4) vayáis [vais] 📖行く場所が決まっていないなら接続法 vayáis を使い、行く場所が決まっている場合には直説法 vais を使う。

5) parece 📖現在・未来の現実的譲歩は aunque + 直説法「～だが」で表す。 📖直接目的格代名詞「～を」の中性形 lo は、ser, estar, parecer の主格補語として名詞、形容詞などを受ける。

6) preparo 📖時を示す副詞節 mientras + 直説法「～する間、～するうち」

7) tengan 📖目的を示す副詞節 a fin de que + 接続法「～するために」

8) seas [eres] 📖条件を示す副詞節　現在・未来に起こりうる仮定的な事柄は、por muy + 形容詞・副詞 + que + 接続法「どんなに～でも」で表す。現在の事実は、por muy + 形容詞・副詞 + que + 直説法「とても～だが」で表す。

9) llega 📖時を示す cuando の副詞節が習慣を表すとき、直説法を使う。

10) interesa 📖単純な条件を示す si の副詞節「もし～なら」には、接続法ではなく直説法を使う。 🔤merecer la pena + 不定詞「～する価値がある」

11) ocurra 📖条件を示す副詞節 a no ser que + 接続法「～でなければ」

12) eres 📖原因・理由を示す副詞節 ya que + 直説法「～だから」

13) se entere 📖sin que + 接続法「～せずに」

¡Un poco más!

P. 107

1 1) Aunque tenga dinero, Jesús no comprará trajes de esta marca. / Jesús no comprará trajes de esta marca, aunque tenga dinero. 📝不確実な現在・未来の譲歩文 aunque「たとえ〜であっても」には、接続法現在を使う。

2) Te recomiendo un libro que trate la historia contemporánea. 📝un libro は具体的な本を指していないので、形容詞節内の動詞は接続法にする。

3) Para que no vuelva a suceder tal cosa, tenemos que tomar precauciones. / Tenemos que tomar precauciones para que no vuelva a suceder tal cosa. 📝目的を示す副詞節 para que + 接続法「〜のために」 🔤volver a + 不定詞「再び〜する」

2 1) どんなに苦労をしても、学業を終えたらアントニオは建築業に就くだろう。 🔤cueste lo que cueste「どんな犠牲を払っても」 🔤dedicarse a「〜に従事する」

2) マノロにそれを言わなければ、私たちは何も解決することができないだろう。 📝a no ser que + 接続法「〜でなければ」

3) チョコレートほど君が好きなものはない。 🔤tanto como...「〜と同じくらい」

3 1) Te presto [dejo, prestaré, dejaré] el coche con tal de que me lo devuelvas mañana. / Con tal de que me lo devuelvas mañana, voy a prestarte [voy a dejarte, te voy a prestar, te voy a dejar] el coche. 📝条件を示す副詞節 con tal de que「〜という条件で」

2) Antes de que se ponga el sol, vamos a volver [volveremos, volvemos] a casa. 📝時を示す副詞節 antes de que「〜する前に」は常に接続法を使う。

3) Buscamos un apartamento [piso] que tenga tres dormitorios. 📝まだアパートが決まっていないので、形容詞節内の動詞は接続法にする。

4) Nos quedamos [Nos quedaremos, Estaremos] en el andén hasta que llegue el tren. ✏️Hasta que llegue el tren vamos a quedarnos [estar] en el andén. 📝時を示す副詞節 hasta que「〜するまで」は、未来の事柄を示すとき接続法を使う。

5) Por mucho que llores [lloras], no te perdonaré [no te voy a perdonar, no voy a perdonarte]. 📝条件を示す副詞節 por mucho / más que + 動詞「どんなに〜でも」は、現在・未来に起こりうる仮定的な事柄なら接続法で表す。また、泣いていることが事実であれば直説法 lloras を使う。

¿Repasamos? 6

第20章〜第23章

P. 108

1. 1) Irán a las ruinas de Machu Picchu.
   2) Se tardará unas doce horas.

3) Se quedarán unos días allí para acostumbrarse a la altura de los Andes.

訳）友だちと私は古代文明を知りたいです。だから、今年はペルーのマチュピチュ遺跡を訪ねようと考えています。1月15日に飛行機でマドリードを出発し、リマまでおよそ12時間かかるでしょう。アンデス山脈の標高に体を慣らすため、クスコに数日間いる必要があるでしょう。雨が降るといけないので、マチュピチュに少なくとも3日間滞在したいです。いい天気になりますように！

🏛 クスコは、南米ペルーのアンデス山脈にある都市。Cuzco とも書く。かつてはインカ帝国の首都として栄えた。

2. 1) のみの市で財布を盗まれないように、君は十分気をつけなければならない。
   2) たとえ実験室に残っても、君は全く私たちの役に立たないだろう。
   3) 男の子は保育園に行く前におもちゃを片付ける。
   4) もし君に勉強をする気があるなら、私は喜んで手伝います。

3. **1) Yo no conozco a ninguna chica que cante tan apasionadamente como tú.**
   2) A estas horas [Ahora] mi marido estará en el tren para casa [para volver a casa].
   3) ¡Que Isabel apruebe las oposiciones de este año!   ¡Ojalá (que) Isabel pueda aprobar este año las oposiciones!
   4) Serían las once de la noche cuando oí un grito en la calle.

Cuando el gato no está los ratones bailan.
鬼のいぬ間に洗濯

第24章 命令法

P. 110

1)
1) 話す　　　　habla　　　hablad　　　hable　　　hablen
2) 飲む　　　　bebe　　　beba　　　beban　　　bebamos
3) 閉める、閉じる　cerrad　　cierre　　cierren　　cerremos
4) 言う　　　　di　　　　decid　　　diga　　　digamos

2)
1) 止まる　　　no paréis　　no pare　　no paren　　no paremos
2) 上る　　　　no subas　　no subáis　　no suban　　no subamos
3) 眠る　　　　no duermas　no duerma　no duerman　no durmamos
4) 持つ　　　　no tengas　　no tengáis　　no tenga　　no tengan

3)
1) Abra　　2) leas　　3) Venid　　4) salgamos
5) mientan　6) Coja　📖 cuanto quiera = todo lo que quiera「好きなだけ」
7) pongáis　8) Caminemos

4) 📖命令形の語末に目的格代名詞がつくとアクセントの位置がずれる。これを避けるため、アクセント符号をつける。
1) **Límpiala esta tarde.** 今日の午後それを掃除しなさい。
2) **Dígala ahora mismo.** 今すぐそれを言ってください。　🔤 ahora mismo「今すぐ」
3) **Escúchenlo con atención.** 彼の言うことを注意して聞いてください。
4) **Dádmelos.** 私にそれらを与えなさい。
5) **Préstaselas.** 彼にそれらを貸しなさい。

5)
1) **No las deje aquí.** ここにそれを置かないでください。
2) **No los maltrates.** それらを虐待しないでください。
3) **No la repitáis.** それを繰り返さないでください。
4) **No se los repartan.** 彼らにそれらを配らないでください。
5) **No se lo sirva todavía.** まだ彼にそれを出さないでください。

6)
1) 洗う　　　　lavaos　　　lávese　　　lavémonos
2) 脱ぐ　　　　quítate　　　quítese　　　quítense　　　quitémonos
3) 身に付ける　ponte　　　poneos　　　pónganse

7)
1) 入浴する　　no te bañes　no os bañéis　no se bañen　no nos bañemos
2) ～になる　　no os hagáis　no se haga　no nos hagamos
3) 立ち去る　　no te vayas　no se vaya　no se vayan

8)
1) **Péinese todas las mañanas.** 毎朝髪をとかしてください。

2) **No os olvidéis de cerrar la puerta.** ドアを閉めるのを忘れないでください。

3) **Levantémonos temprano.** 早く起きましょう。

4) **Apréndanse estas palabras de memoria.** これらの単語を暗記してください。

🔤 aprenderse de memoria「暗記する」

5) **No te pongas nervioso en público.** 人前で緊張しないでください。　🔤 en públio「人前で」

6) **Quítense los zapatos aquí.** ここで靴を脱いでください。

¡Un poco más!

P. 113

1　1) **hagáis**　おばあちゃんはもう寝ています。うるさくしてはいけませんよ。

　2) **Llévate**　今日の午後雨が降るかもしれないから傘を持って行きなさい。　🔤 por si + 直説法「〜かもしれないので」（疑惑が強ければ接続法を用いる。）

　3) **practique**　ロンドンでの休暇中、たくさん英語を練習してください。

　4) **hablen**　私の兄［弟］のことを悪く言わないでください。　🔤 hablar mal de「〜の悪口を言う」

　5) **Deja**　部屋をしっかり片づけておきなさい、後からお母さんにしかられないように。　🔤 放任の動詞 dejar + 直接目的語 + 過去分詞（過去分詞は直接目的語の性数に一致させる。）「〜させておく」

　6) **Respetad, cometáis**　法律を守りなさい、そして犯罪を犯してはいけません。

　7) **os ensuciéis**　私たちはもう間もなく結婚式に行きます。あなたたち、洋服を汚してはいけませんよ。

　8) **guardes**　そんなつもりじゃなかったんです。私を恨まないで。

2　1) 君たちはここで私を待っていてね。

　2) 走りなさい、さもないと電車に乗り遅れるよ。　🔤 命令形, o...「〜しなさい、さもないと…」

　3) 君はすぐに戻りなさい。

　4) 食べましょう。　🔤 a + 不定詞「〜しなさい、しましょう」

　5) できるだけ早くハイメに電話をかけさせてください。　📩 第三者に対する間接命令　🔤 cuanto antes「できるだけ早く」

3　1) **Habla más despacio.**

　2) **Piénselo bien, por favor.**

　3) **No lleguen tarde al club. / No tarden al club.**

　4) **Vosotros, lavaos la cara y vestíos.**

　5) **Despidámonos aquí.**

第25章 接続法過去

P. 114

1
1) partiéramos, partiésemos　出発する、分ける
2) aprendiera, aprendiese　学ぶ
3) conocierais, conocieseis　知る
4) dijeran, dijesen　言う
5) durmiera, durmiese　眠る
6) diera, diese　与える
7) te sentaras, te sentases　座る
8) se pusieran, se pusiesen　身につける、〜になる

2　<名詞節内で使われる接続法>
1) salieras [salieses]　📖勧告 aconsejar que + 接続法「〜を勧める」
2) cambiaran [cambiasen]　📖価値判断 ser imposible que + 接続法「〜でないかもしれない」　🔤cambiar de「〜を変える」
3) se quejara [se quejase]　📖否定された思考 no creer que + 接続法「〜とは思わない」　🔤quejarse de「〜の不平を言う」
4) lleváramos [llevásemos]　📖禁止 prohibir que + 接続法「〜するのを禁じる」
5) pudiera [pudiese]　📖疑惑 dudar que + 接続法「〜を疑う」
6) fuerais [fueseis]　📖価値判断 ser conveniente que + 接続法「〜する方がいい、適当だ」
7) se vistiera [se vistiese]　📖命令 decir que + 接続法「〜するように言う」
8) vinieras [vinieses]　📖願望 gustar の過去未来 + que + 接続法「〜して欲しい」
9) hubiera [hubiese]　📖価値判断 ser natural que + 接続法「〜するのは普通だ」　📖存在を示す hay の接続法過去は3人称単数を使う。

3　<形容詞節内、副詞節内で使われる接続法>
1) comprendiera [comprendiese]　📖目的を示す副詞節 a fin de que + 接続法「〜するために」
2) dominara [dominase]　📖先行詞が否定語の場合、形容詞節内に接続法を使う。
3) amaneciera [amaneciese]　📖時を示す副詞節 antes de que + 接続法「〜する前に」は、常に接続法を使う。
4) gastara [gastase]　📖どの車を買うか決まっていないので、形容詞節内に接続法を使う。
5) molestaran [molestasen]　📖条件を示す副詞節 con tal de que + 接続法「〜という条件で」
6) se construyeran [se construyesen]　📖先行詞が具体的な教会を指していないので、形容詞節内に接続法を使う。
7) fuera [fuese]　📖como si + 接続法過去「あたかも〜であるかのように」como si 以下の動詞は接続法過去を用いる。　例 Julián habla [habló] como si fuera mi padre. フリアンはあたかも私の父のように話す [話した]。

4　📖現在の事実と反対の事柄を述べる条件文は、条件節に接続法過去（-ra 形, -se 形 のどちらも可）、帰結節に直説法過去未来を用いる。過去未来の代わりに、接続法過去 –ra 形を用いることがまれにある。　例 Si yo fuera [fuese] tu padre, no te dejaría [dejara] (× dejase) trabajar por la noche. もし僕が君の父親なら、君に夜間の仕事などさせないだろうに。

1) Si ganara [ganase] un millón de dólares, lo donaría a un orfanato. もし100万ドル稼いだら、私は孤児院に寄付するだろうに。

2) Si consiguiera [consiguiese] entradas para la ópera, invitaría a mi novia. もしオペラのチケットが手に入ったら、私は恋人を招待するだろうに。

3) Si estuviéramos [estuviésemos] estresados, haríamos deporte. もしストレスがたまっていたら、私たちはスポーツをするだろうに。

5 非現実的な現在・未来の仮定を表す譲歩文には接続法過去が用いられる。

1) no dormiríamos en tienda de campaña aunque fuéramos [fuésemos] a la montaña. いいえ、たとえ山に行っても、私たちはテントで寝ないだろう。

2) no dejaría de trabajar aunque heredara [heredase] una fortuna. いいえ、たとえ財産を相続しても、私は仕事を辞めないだろう。 dejar de + 不定詞「～するのをやめる」

3) no me pondría las gafas de sol aunque hiciera [hiciese] mucho sol. いいえ、たとえ日差しが強くても、私はサングラスをかけないだろう。

6 願望文は ¡Ojalá (que) + 接続法！/ ¡Que + 接続法！で表す。実現の可能性のある願望には接続法現在を、実現困難、または実現の可能性のない場合は接続法過去を使う。

1) ¡Ojalá se resolviera [se resolviese] todo! すべてが解決されるといいのに。
2) ¡Ojalá los niños durmieran [durmiesen] más horas! 子供たちがもっと寝るといいのに。
3) ¡Ojalá me dejaran [dejasen] en paz! 私をそっとしておいてくれるといいのに。
dejar ～ en paz「～をそっとしておく」

7 querer, desear など願望を表す動詞や、deber, tener que など義務を表す動詞は、接続法過去 -ra 形で婉曲を表現する。複文の主節でも接続法過去 -ra 形のみ使われる。 例 Quisiera ver al señor director. 部長にお目にかかりたいのですが。Quisiera que me ayudaras. 君に助けてほしいのだが。

1) Debierais　　　　**2) pudiera**
3) Quisieran　 echar una mano a + 人「～を手伝う」

¡Un poco más!

P. 117

1 **1) miraba**　メガネをかけた紳士が私を見ているのに気づいた。 darse cuenta de que + 直説法「～に気づく」

2) aprobaba　カルメンが試験に受かるのは明らかだった。 ser evidente que + 直説法「～は明らかだ」

3) se acercaba　犬は誰かが近づいているのに気づいて、吠え出した。 sentir を「感じる」の意味で使う場合は que 以下に直説法、「残念に思う」という意味で使う場合は que 以下に接続法を使う。

4) pidiera [pidiese]　ペドロが私たちに謝ったら、彼を許すだろうに。　現在の事実の反対を述べる si の条件節には接続法過去を使う。

5) estuviera [estuviese]　病気でない限り、カルロスは歩いて学校へ行っていた。　a menos que + 接続法「〜でないかぎり」　a pie「徒歩で」

6) debieras [debías]　これ以上お酒をおかわりしないで。そんなに飲むべきではないですよ。　接続法過去 ra 形、あるいは直説法線過去で婉曲を表す。　直説法過去未来 deberías を使って婉曲を表すこともできる。例 No deberías beber tanto.

7) notara [notase]　ホセは外国語のアクセントが気づかれないように、完璧な英語を話したがっていた。　目的 para que + 接続法「〜するために」

8) quisiera [quisiese, quería]　祖父はいつも私がやりたいことをさせてくれていた。　lo que「〜のこと」「したいこと」が具体的でないなら形容詞節内に接続法を使い、したいことの内容がわかっているなら直説法を使う。

9) era, peinara [peinase]　私が子供のころ、母が私の髪をとかすのが嫌だった。　molestar que + 接続法「迷惑をかける」

10) acompañara [acompañase]　上司は私に空港まで顧客と一緒に行くように命じた。　命令 mandar que + 接続法「〜するよう命じる」

2　**1)** 自転車でこの坂を登るのは厳しい。この自転車にモーターがついていたらなあ！　実現困難、あるいは実現の可能性の無い願望文は接続法過去を用いる。

2) 僕が鳥なら、君がいるところまで飛んでいけるのに。　現在の事実に反する si の条件節には接続法過去を使う。

3) たとえ彼女に僕の潔白を納得させることができるとしても、また僕を疑うかもしれないだろうに。　現在・未来の事実に反する aunque の譲歩節には接続法過去を使う。　価値判断 ser posible que + 接続法「〜であるかもしれない」　de nuevo「再び、もう一度」

3　**1) En el pueblo no había nadie que supiera [supiese] hablar ruso.**　先行詞が否定のとき、形容詞節内の動詞は接続法になる。　存在を示す hay の直説法線過去は3人称単数を使う。　saber + 不定詞「〜できる、〜する術を心得ている」　No había nadie que hablara [hablase] ruso en el pueblo.

2) Nuria me recomendó que visitara [visitase] La Alhambra.　推薦 recomendar que + 接続法「〜を勧める」　アルハンブラ宮殿は、スペイン南部グラナダにあるイスラム建築の城。現在は世界遺産に登録されている。

3) Terminé de escribir el informe sin que me ayudara [ayudase] nadie. / Sin que nadie me ayudara [ayudase], terminé de escribir el informe.　sin que + 接続法「〜することなく」

第26章 複合時制（完了時制）

P. 118

1
1) había tomado 取る　　2) habías aprendido 学ぶ、習う
3) habían vuelto 戻る　　4) habíais dicho 言う
5) había escrito 書く　　6) nos habíamos casado 結婚する
7) me había ido 立ち去る　　8) se habían puesto 身に付ける

2 📖 直説法過去完了は、過去のある時点までに完了した事柄や経験を表す。
1) había terminado 📖 lo は todo と組んで直接目的語となり、「全て、全てのこと」を表す。このとき、lo は活用した動詞の前に置かれる。 例 Lo sabe todo. 彼は全てを知っている。
2) había salido　　**3) se habían marchado**
4) había llegado 📖 hacía は、過去のある時点から見て「～前」を表す。hace は、現在から見て「～前」を表す。 例 El niño dijo que había terminado la tarea hacía un rato. その子は少し前に宿題を終えたと言った。El niño dice que terminó la tarea hace un rato. その子は少し前に宿題を終えたと言っている。
5) habíamos visto　　**6) habían desayunado**
7) habíais estado　　**8) había dormido** ABC si 「～かどうか」
9) había hablado 📖 否定語 nunca が動詞の前に置かれると no が不要になる。No había hablado nunca con él.
10) había regalado

3
1) habré cantado 歌う　　2) habrás recibido 受け取る　　3) habrá roto 壊れる
4) habremos abierto 開ける　　5) se habrán muerto 死ぬ

4 📖 直説法未来完了は、未来のある時点までに完了する事柄や、現在完了の推量に用いる。
1) habrá empezado 📖 未来のある時点までに完了する事柄
2) habrán estado 📖 現在完了の推量
3) habrá dejado 📖 未来のある時点までに完了する事柄 ABC dejar de ＋不定詞「～するのをやめる」

5
1) habría bebido 飲む　　2) habrían oído 聞く　　3) habríais devuelto 返す
4) se habrían visto 見える　　5) te habrías hecho ～になる

6 📖 直説法過去未来完了は、過去から見た未来のある時点に完了する、または完了した事柄や、過去完了の推量に用いる。
1) habrían tomado 📖 過去から見た未来のある時点に完了する事柄 ABC antes de 「～前に」
2) habríais comido 📖 過去完了の推量 ABC alguna vez 「かつて、これまでに」経験を表す完了の文で用いられる。

3) habríamos llegado 📝過去から見た未来のある時点に完了する事柄 🔤para「(期限)〜までに」

7 1) haya comprado　買う　2) hayamos vendido　売る　3) haya resuelto　解決する
4) hayas cubierto　覆う　5) se hayan afeitado　ひげを剃る

8 📝接続法現在完了は、直説法現在完了と直説法未来完了が接続法が要求される従属節のなかで用いられるときの時制。　例 María ha venido a verme. マリアが私に会いに来た。→ Me alegro de que María haya venido a verme.　マリアが会いに来てくれて私は嬉しい。　Ellos habrán terminado el trabajo para mañana.　彼らは明日までにその仕事を終えているだろう。→ Dudo que ellos hayan terminado el trabajo para mañana.　彼らが明日までにその仕事を終えているか私は疑っている。

📝また、実現の可能性があるが、現在までに結果のわかっていない願望文に用いられる。　例 ¡Que no haya salido el tren todavía! まだ電車が出発していませんように！

1) hayas dicho　📝alegrarse de que + 接続法「〜を喜ぶ」　🔤pon fin「ついに、とうとう」
2) haya hablado　📝先行詞が否定の関係詞節中で、接続法が使われる。
3) hayáis cumplido　📝molestar que + 接続法「〜を不快に思う」

9 1) hubieran [hubiesen] acabado　終わる
2) hubierais [hubieseis] sabido　知る
3) hubieras [hubieses] propuesto　提案する
4) hubiéramos [hubiésemos] rehecho　再びする
5) me hubiera [hubiese] caído　倒れる

10 📝接続法過去完了は、直説法過去完了と直説法過去未来完了が接続法が要求される従属節のなかで用いられるときの時制。　例 Le dije que María había venido a verme. マリアが私に会いに来てくれたと私は彼に言った。→ Me alegré de que María hubiera [hubiese] venido a verme.　マリアが私に会いに来てくれたことが私は嬉しかった。　Le dije que habría terminado el trabajo antes de las cuatro.　4時前にその仕事を終えているだろうと私は彼に言った。→ Nadie creía que yo hubiera [hubiese] terminado el trabajo antes de las cuatro.　私が4時前にその仕事を終えているだろうとは誰も思っていなかった。

📝また、実現の可能性のない願望文に用いられる。　例 ¡Que no hubiera salido el tren todavía! まだ電車が出ていなかったらなあ！

1) hubiera [hubiese] hecho　📝como si + 接続法過去・過去完了「あたかも〜であるかのように」　como si 以下の動詞は、主動詞の時制と関係なく接続法過去・過去完了を用いる。　🔤por sí solo「一人で、自分の力で」　📝sí は3人称の再帰代名詞が前置詞の後に置かれたときの形。
2) hubierais [hubieseis] terminado　📝ser imposible que + 接続法「〜は不可能である、ありえない」
3) hubiera [hubiese] comprado

¡Un poco más!

P. 121

1 　**1) habría resuelto**　📝過去から見た未来のある時点で完了する事柄は、直説法過去未来完了で表す。　🔤para「(期限) 〜までに」

　2) hayáis preparado　📝ser imposible que + 接続法の従属節で、直説法未来完了にあたる時制は接続法現在完了で表す。　📝直接目的語 lo は todo と組んで「全てのこと」を意味する。
🔤para「(期限) 〜までに」

　3) hubieras [hubieses] podido　📝sentir que + 接続法の従属節で、直説法過去完了にあたる時制は接続法過去完了で表す。

　4) habré acabado　📝未来のある時点までに完了する事柄は、直説法未来完了で表す。

　5) había empezado　📝過去のある時点までに完了した事柄は、直説法過去完了で表す。

2　📝単純条件文は、現在、または未来の事柄について実現の可能性がある場合に使う。条件節には直説法現在、帰結節には直説法現在、または未来を用いる。　例 Si salgo temprano, llego a tiempo. 早く出れば、私は間に合う。

　📝現在の非現実的条件文は、現在、または未来の事柄について実現の可能性がきわめて低いか全くない場合に使う。条件節には接続法過去、帰結節には直説法過去未来を用いる。　例 Si saliera [saliese] temprano, llegaría a tiempo. 早く出れば、私は間に合うのだが。

　📝過去の非現実的条件文は、過去の事柄について実現しなかったことを述べる場合に使う。条件節には接続法過去完了、帰結節には直説法過去未来完了を用いる。　例 Si hubiera [hubiese] salido temprano, habría llegado a tiempo. 早く出ていたら、私は間に合ったのだが。また、非現実的条件文の帰結節で、過去未来の代わりに接続法過去 ra 形を使うことがある。se 形は使われない。
例 Si hubiera [hubiese] salido temprano, hubiera [×hubiese] llegado a tiempo.

　1) Si (yo) estudio, apruebo el examen.
　2) Si (yo) estudiara [estudiase], aprobaría el examen.
　3) Si (yo) hubiera [hubiese] estudiado, habría aprobado el examen.
　4) Si hace buen tiempo, ellos van de excursión.
　5) Si hiciera [hiciese] buen tiempo, ellos irían de excursión.
　6) Si hubiera [hubiese] hecho buen tiempo, ellos habrían ido de excursión.

第27章 数詞

P. 122

📝ciento は100ちょうどのときと、名詞や mil, millones, billones の前にくるときに cien となる。
例 cien euros「100ユーロ」　cien millones「1億」

📝mil は不変化。miles de「何千もの〜」の意味で使われるときのみ複数になる。

1 1) once　　　　2) veintitrés
　　3) ciento dos　　4) quinientos quince
　　5) mil cien　🏛スペインでは、1000ごとの数字の区切りを示すのにピリオド「.」を使う。
　　6) ocho mil trescientos sesenta y siete
　　7) diez mil　　　8) sesenta y cuatro mil doscientos setenta y ocho
　　9) cien mil　　　10) un millón

2 1) ochenta y seis euros　　　2) dieciocho alumnos
　　3) un gato　📝 uno は男性単数名詞の前で語尾の o が消失する。
　　4) dos mil yenes　　　　　5) cien dólares
　　6) trescientas doce mujeres　📝百の位は、後続の名詞の性に合わせる。
　　7) dos millones de habitantes　📝 millón の後に名詞がつくと前置詞 de が必要になる。
　　8) el año mil novecientos setenta y cuatro　📝 mil に un はつかない。

3 1) segundo　2) tercero　3) cuarto　4) quinto　5) sexto
　　6) séptimo　7) octavo　8) noveno　9) décimo

4 1) segunda　2) séptima　3) cuarto
　　4) primer　📝 primero は男性単数名詞の前で語尾の o が消失する。
　　5) primera

5 📝ローマ数字はマンションの号棟表示や本の巻数などに使う。1から3（1 = I, 2 = II, 3 = III）までは、縦棒が一本ずつ増えていく。5 = V, 10 = X の左の縦棒はマイナス、右の縦棒はプラスを意味するので、4 = IV, 6 = VI, 7 = VII, 8 = VIII, 9 = IX と表記する。50は L、100は C、500は D、1000は M と表記し、55 = LV, 123 = CXXIII となる。また、X = 10程度までは序数で読むが、それ以上は基数で読むことが多い。
　　1) primero　2) tercero　3) quinto　4) séptimo　5) noveno　6) décimo

6 1) doce　2) quince　3) diecinueve　4) veinticuatro　5) cincuenta　6) mil

7 1) 第二次世界大戦　2) 賢王アルフォンソ10世　3) 22世紀　4) カルロス5世　5) 第8巻

8 📝分数の分母には序数、分子には基数を使う。
　　1) un quinto
　　2) un tercio　📝通常の序数 tercero とは異なる tercio を使う。
　　3) un medio　📝通常の序数 segundo とは異なる medio を使う。　🔤 la mitad とも言う。
　　4) cinco octavos　📝分子が複数の場合、分母も複数になる。
　　5) tres décimos　📝分子が複数の場合、分母も複数になる。

9 📝イコール「=」は、ser または igual (a) で表す。たし算は、y または más で表す。例 1 + 3 = 4 Uno y [más] tres son [igual (a)] cuatro. スペイン語で割り算を示す記号は「÷」ではなく「:」で表記する。例 12 : 3 = 4 Doce entre [dividio entre] [dividido por] tres son cuatro.
　　1) Trece y ocho son veintiuno.

2) **Diez menos seis son cuatro.** 📖答えが1の場合、動詞 ser は単数になる。
   例 Diecinueve menos dieciocho es uno.
3) **Tres por tres son nueve.**
4) **Veinte entre cuatro son cinco.**
5) **Ochenta y tres entre dos son cuarenta y uno y sobra uno.**

10 📖スペインでは小数点をコンマ「,」で表記する。
   1) **cero coma ocho**   2) **uno coma tres**   3) **dieciséis coma seis**
   4) **veintidós coma siete**   5) **treinta y cuatro coma nueve**

11 1) 赤ワイン半ダース   📖medio は後ろの名詞に性を合わせる。
   2) 靴1足   🔤un par de「ひと組の、一対の」
   3) 2週間   📖dos semanas でもよいが、慣用的に2週間を quince días と言うことが多い。
   4) 憲法第9条
   5) 40歳くらいの男性

¡Un poco más!

P. 125

1 1) **cuatro**
   2) **tercer**   📖tercero は男性単数名詞の前で語尾の o が消失する。
   3) **mil cuatrocientos noventa y dos**   📖mil の前に un を付けない。
   4) **primeros**
   5) **cien mil**   📖ciento は mil の前で語尾の to が消失する。
   6) **segunda**   📖mano (女性名詞) に性数を合わせる。
   7) **cuarto**
   8) **Medio**
   9) **Miles**   🔤miles de「何千もの」
   10) **ciento**   📖パーセントは、… por cien より… por ciento がよく用いられる。ただし100%は cien por cien と言う。

2 1) **Compré unos cincuenta cuadernos.**   📖数字の前に unos / unas をつけると「およそ」の意味になる。
   2) **Hoy estamos a siete de julio.**   🔍Hoy es el (día) siete de julio.
   3) **El primer mes del año es enero.**   📖primero は男性単数名詞の前で語尾の o が消失する。
   4) **Gira [Dobla] la tercera calle a la derecha.**
   5) **Este vestido de seda (me) costó doscientos euros.**

¿Repasamos? 7

P. 126

1. 1) vinieran [viniesen]　　2) regresemos　　3) habrán arreglado
   4) 私たちも煩わしい思いをしなくてすむし、私たちが彼らの邪魔になることもない。

   訳）〈マルティネス夫妻は家の修繕をする必要がある。〉

   夫：左官工には旅行中に来てもらう方がいいだろうね。帰るころには全て修繕が終わっているだろう。君はどう思うかい。

   妻：その通りね。そうすれば、私たちも煩わしい思いをしなくてすむし、私たちが彼らの邪魔になることもないわ。

2. 1) 第9回大会が成功に終わって私はうれしい。
   2) マリサは昨夜出かけたが、そうしたかったからではなく、そうしなければならなかったからだ。
   3) 何事も起きなかったかのようにそれをしなさい。
   4) もし知らせてくれていたら、駅まで君を迎えに行ったのに。

3. 1) Echa un poco de aceite en la sartén y caliéntala bien.
   2) Si no hubieras [hubieses] mentido tantas veces, ahora todos te creerían.

   過去の非現実的条件文の条件節には接続法過去完了を使い、現在の非現実的条件文の帰結節には直説法過去未来を使う。

   3) Esta ciudad tiene dos millones de habitantes.　　La población de esta ciudad es de dos millones (de habitantes).
   4) Cómpreme [usted] medio kilo de lentejas.

とことんドリル！スペイン語
文法項目別

| 検印省略 | ©2013年11月20日　初版発行
2018年 1月30日　第2刷発行 |

著　者　　　　　高　橋　覚　二
　　　　　　　　伊　藤　ゆかり
　　　　　　　　古　川　亜　矢

発行者　　　　　原　　雅　久
発行所　　　　株式会社 朝 日 出 版 社
　　　　　〒101-0065 東京都千代田区西神田 3-3-5
　　　　　　　TEL (03) 3239-0271・72 (直通)
　　　　　　　振替口座　東京 00140-2-46008
　　　　　　　http://www.asahipress.com
　　　　　組版／メディアアート　印刷／図書印刷

乱丁・落丁本はお取り替えいたします
ISBN978-4-255-00747-2 C0087

朝日出版社 スペイン語一般書籍のご案内

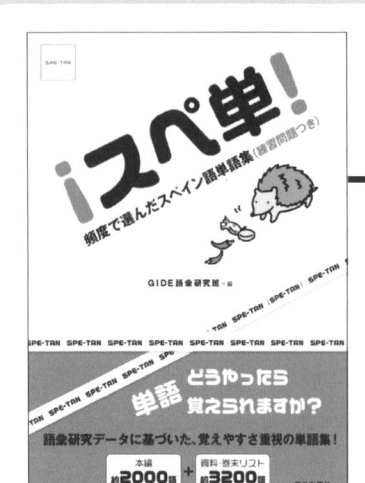

GIDE（スペイン語教育研究会）語彙研究班 編
¡スペ単！
—頻度で選んだスペイン語単語集（練習問題つき）—

◇ 様々なスペイン語の初級学習書を分析・解析。
◇ 学習者が最も必要とする語彙を抽出、文法項目と関連付けて提示。
◇ 各項目ごとに理解と運用を助ける練習問題を配備。
◇ 文法項目と語彙グループを結び付けて紹介。
◇ 豊富な練習問題と読み物資料ページでしっかり楽しく学べる。
◇ 多角的に語彙を覚えられる意味別・品詞別語彙リスト、単語の意味もついた詳細なさくいんつき。
◇ 初めてスペイン語を学ぶ人から、指導する立場の人まで幅広く活用できる一冊。

● A5判　● 本編13章＋読み物資料＋巻末語彙集＋さくいん
● 各項練習問題つき　● のべ5200語　● 264p　● 2色刷
本体価格2200円＋税　（000371）

小林一宏・Elena Gallego Andrada 著
スペイン語 文法と実践
—ゆっくり進み、確かに身につく— Español con paso firme

CD付

◇ 日本人教員とネイティヴ教員の緊密な協力から生まれた自然な語法。
◇ 簡潔で適格な文法の解説。
◇ 解説内容に沿った多くの例文とこれの理解を援ける註(たす)。
◇ 予習と復習のための矢印（→）による関連個所の提示。
◇ 適宜、英語との比較による理解の深化。

● A5判　● 33課　● 320p　● 2色刷　● CD付
本体価格2800円＋税　（000467）

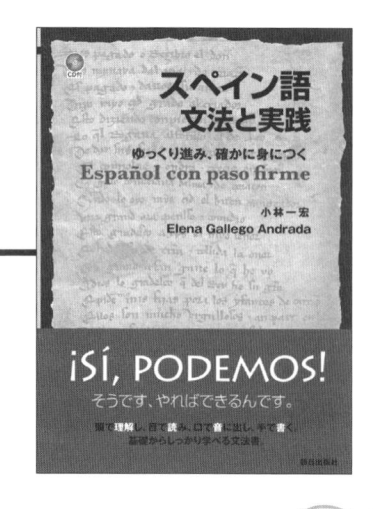

¡SÍ, PODEMOS!
そうです、やればできるんです。

福嶌教隆 著
スペイン語圏4億万人と話せる
くらべて学ぶスペイン語　改訂版
DVD+CD付　—入門者から「再」入門者まで—

DVD+CD付

◇ スペインのスペイン語とラテンアメリカのスペイン語をくらべて、並行してどちらも学べます。
◇ 全くの初歩からスペイン語を学ぶ人（入門者）も、一通りの知識のある人（「再」入門者）も活用できるよう編集されています。
◇ スペイン語圏各地のネイティブの吹込者によるCDや、スペインの美しい映像をおさめたDVD（スペイン語ナレーション付）が添付されています。
◇ スペイン語を話すどの場所に行っても、この1冊で充分話し切れること間違いなしです!

● A5判　● 15課　● 144p.　● さし絵多数　● DVD+CD付　● 2色刷
本体価格2400円＋税　（000552）

（株）朝日出版社　〒101-0065 東京都千代田区西神田3-3-5
TEL: 03-3263-3321　　FAX: 03-5226-9599
e-mail: info@asahipress.com　　http://www.asahipress.com/